D1691497

Beginne den Tag mit Liebe

Zitate von Meister-Heiligen für jeden Tag

zusammengestellt
von
Sieglinde Mühlberger

SK-Publikationen

1. Auflage 1999
ISBN 3-931214-12-5

Herausgegeben von:
Wissenschaft der Spiritualität e.V. München
Geschäftsstelle Jägerberg 21, D-82335 Berg
Übersetzung: E. Kaiser, H. Kammerl, Dr. J. Starlinger
Textauswahl: Sieglinde Mühlberger
Design: Druck & Design

Druck und Bindung: Satzart, Plauen

Verlag und Vertrieb:
SK-PUBLIKATIONEN
Ludwigstr. 3, D-95028 Hof/Saale

Beginne den Tag mit Liebe,
Fülle den Tag mit Liebe,
Vollende den Tag mit Liebe:
Dies ist der Weg zu Gott,
Denn Gott ist Liebe.

- Darshan

Wer die Liebe
in ihrem wahren Wesen versteht
und durch ihr Licht lebt und handelt,
wird Gott erreichen - so sicher,
wie zwei mal zwei vier ist.

- Kirpal

Vorwort

Vorliegende Zitate und Aphorismen, von Sieglinde Mühlberger liebevoll zusammengetragen, sind Texte der Liebe und des Mitgefühls, der Menschlichkeit und der Lebensweisheit für jeden Tag des Jahres. Damit wir uns nicht im Streß des Alltags verlieren, damit wir die richtige Orientierung behalten, damit wir die Kräfte der Inspiration, Ermutigung und Lebensfreude erfahren.
Vier Meditationsmeister und Mystiker, die Zugang zu den Innenwelten genießen, haben diesseitige und jenseitige, körperliche und geistige, psychologische und spirituelle Aspekte des Lebens beschrieben.
Viele ihrer Worte sind wie ein kühlender Balsam auf die heißen Wunden unserer Seelen. Andere Gedanken werfen ein helles Licht auf schwierige Probleme und vertreiben die Schatten der Kraftlosigkeit, des Mißverstehens und der Angst.
Die hier ausgewählten Zitate dienen als Leitsterne durch das allzu oft aufgewühlte Meer des Lebens, in dem wir um den rechten Kurs schwer ringen müssen. Die allen Zitaten gemeinsame Botschaft lautet: Wenn alle Hilfen ausbleiben, wenn alle uns im Stich lassen, dann gibt es doch immer noch und immer wieder Hilfe – durch die Kraft der Liebe.
Liebe ist etwas ganz Konkretes: wir können Gott darum bitten, wir können sie in unserem Herzen entdecken, wir können sie in den Augen leidgeprüfter Menschen aufflackern sehen, wir können sie unserem Nächsten schenken. Einfach so! Liebe ist das Einzige, was wirklich bleibt. Liebe ist die einzige Kraft, die alles heilen kann: Beginnen wir also jeden Tag mit Liebe.
Mögen Sie möglichst an jedem Tag Ihres Lebens von heute an wenigstens einige Male diese Liebe spüren und ausdrükken, geben und empfangen!

Wulfing von Rohr

Wenn wir beginnen,
uns gegenseitig zu helfen,
wenn wir in unseren Herzen
Liebe für den Menschen und jede
andere Schöpfungsform hegen,
dann wird dieser Planet,
auf dem wir leben,
zum Paradies.

- Rajinder

1. Januar
Laßt die fahlen Schatten von der Erde verschwinden,
eine neue Welt uns erbauen,
mit neuem Hoffen, neuem Sehnen.
Laßt uns Liebe in die Herzen der Menschen säen,
und alle den Pfad der Liebe gehen.
 - *Darshan*

2. Januar
Ein spirituelles Zeitalter dämmert herauf, und die Menschheit wächst in eine mehr und mehr erleuchtete Epoche hinein. Wir stehen an der Schwelle eines Erwachens, in dem die Menschen aktiv nach spirituellem Wachstum streben und auf eine Welt des Friedens und der Einheit hinwirken.
 - *Rajinder*

3. Januar
In dieser Welt gibt es Leid, und die Menschen wandeln in der Finsternis. Laßt uns mit Fragen und Streitigkeiten keine Energie vergeuden, sondern allen Menschen Liebe und Mitleid entgegenbringen. Laßt uns den Armen und Gebrochenen dienen, unseren Brüdern und Schwestern, den Vögeln und allem Getier und der ganzen Schöpfung, in der der Atem des Lebens wogt.
Die ganze Menschheit ist eins. Unsere Seele ist vom Wesen Gottes, und wir sind alle Kinder derselben Familie Gottes und Brüder und Schwestern in Ihm. Wenn wir erst erkennen, daß Gott in jedem Herzen wohnt, werden wir alle achten und lieben. Es ist wichtig, daß die Menschheit das erkennt.
 - *Kirpal*

4. Januar
Es gibt zwei Kräfte im Menschen - zwei besondere Eigenschaften:
Die erste ist Ehrfurcht, die zweite ist Liebe.
Wer Liebe empfindet, besitzt auch Ehrfurcht.
Wer Ehrfurcht kennt, hat auch Liebe.
　- *Hazur*

5. Januar
Was treibt den Menschen, beständig auf der Suche nach seinem Ideal zu sein? Was befähigt ihn, sein Ziel trotz aller Widerstände, Opfer und Leiden zu verfolgen? - In jedem von uns ist ein göttlicher Impuls, der uns über unsere scheinbaren Grenzen hinausträgt, zu dem, was makellos und ewig ist. Wir mögen dieses Ideal Schönheit, Wahrheit oder Freiheit nennen - die Menschen haben immer versucht, es in ihrem Leben zu verwirklichen.
　- *Darshan*

6. Januar
Jede Tat hat ihre Rückwirkung, und was wir säen, werden wir ernten. Wir sollten deshalb stets liebevoll sein, sollten ethisch leben und ganzheitlich und tolerant sein, da wir uns sonst spirituell nicht weiterentwickeln können. Wir sollten also auf der Hut sein.
Wir sind zwar auf dem Weg zur Vollkommenheit, aber wir sind noch nicht vollkommen. Wenn jemand Fehler macht, dann sollten wir ihm nach dem Motto ‚Vergeben und Vergessen' begegnen, und falls es Mißverständnisse untereinander gibt, sollten wir liebevoll und versöhnlich zueinander sein.
　- *Kirpal*

7. Januar
Wer sich über das Körperbewußtsein erhebt und Selbsterkenntnis und Gotterkenntnis erlangt, erkennt, daß Gott Geist ist, daß das geringste Insekt vom selben Wesen ist, wie die höchste Intelligenz. Wer dies erkennt, wird dann auch betonen, daß es unbedingt notwendig ist, niemanden zu verletzen.
Wenn wir erkennen, daß unser Nachbar vom gleichen göttlichen Wesen ist wie wir, werden wir alles vermeiden, was ihn kränkt oder seine Gefühle verletzt.
   - *Darshan*

8. Januar
Wenn wir Gott wirklich lieben wollen, müssen wir unsere Mitmenschen lieben. Wir sollten für andere genauso empfinden, wie für diejenigen, die uns nahestehen. Anstatt Mängel in anderen zu sehen, sollten wir besser in uns selbst hineinblicken. Wir sollten mitfühlen, wenn andere leiden und glücklich mit ihnen sein, wenn sie glücklich sind.
Alles, was uns begegnet, sollten wir gelassen ertragen und Gottes Willen darin sehen; und wir sollten keinem Seiner Geschöpfe schaden oder Leid zufügen.
Gott zu lieben bedeutet, für Gott zu leben und für Ihn zu sterben.
   - *Kirpal*

9. Januar
Wir sollten beachten, daß ein Gramm Praxis mehr wert ist, als Tonnen von Theorien. Diese Welt ist übersättigt von Predigten, und die Menschen suchen sehnsüchtig nach wahrem Licht und Leben.
   - *Kirpal*

10. Januar
Da unser Ziel die Wahrheit ist, müssen wir versuchen, in Gedanken, Worten und Taten wahrhaftig zu sein.
Wenn wir erkennen, daß wir mit allen lebenden Wesen eins sind in Gott, dann müssen wir uns bemühen, niemanden zu verletzen. Unser Ziel ist eine ständige Bewußtseinserweiterung, und deshalb dürfen wir unsere Energie nicht in sinnlichen Freuden vergeuden.
Es gibt kein größeres Hindernis auf dem spirituellen Weg als das Ego. Wir müssen beständig auf der Hut sein vor den Versuchungen des Stolzes und der Eitelkeit, und wir müssen bescheiden werden. Und wenn wir die Einheit allen Lebens erkannt haben, werden wir Erfüllung nicht nur darin suchen, daß es uns gut geht, sondern daß es allen gut geht.
   - *Darshan*

11. Januar
Göttliche Liebe ist jene Art von Feuer, das wie ein ewiges Licht brennt, und das die Herzen aller erwärmt, mit denen wir in Verbindung kommen.
Göttliche Liebe ist jenes Licht, das die Dunkelheit erhellt und das Licht der Erkenntnis für alle bringt, so daß letztlich die gesamte Welt erleuchtet sein wird.
   - *Rajinder*

12. Januar
Liebevolle Ergebenheit und tiefes Vertrauen helfen dem Sucher, göttliche Glückseligkeit und Harmonie aus den inneren Welten zu erhalten.
   - *Kirpal*

13. Januar
Wenn wir normalerweise von Kultur reden, denken wir an die fünf schönen Künste Musik, Malerei, Bildhauerei, Dichtung und Tanz, und kultivierte Menschen sind jene, die diese Künste kennen und schätzen.
Aber ich glaube, daß das eine sehr begrenzte Auffassung von Kultur ist, denn wenn wir unter dem Begriff Kultur im Lexikon nachsehen, stellen wir fest, daß seine ursprüngliche Bedeutung „Anbetung" oder „tiefe Hingabe" war.
Später bedeutete Kultur auch „Erleuchtung", und wie wir wissen, schließt Erleuchtung alle Künste ein, genauso wie die Tugenden des Herzens, nämlich Liebe, Demut und Bescheidenheit, Reinheit, Nichtverletzen und selbstloses Dienen. Deshalb umfaßt dieses Wort viel mehr, es umfaßt sogar das ganze Universum. Und wenn ich von Universum spreche, so meine ich das spirituelle Universum.
- *Darshan*

14. Januar
Alle Kinder sind den Heiligen gleich teuer, und sie möchten, daß sie zu schönen, prächtigen Blumen heranwachsen, die den süßen Duft der Liebe Gottes ausströmen.
Die Liebe eines vollendeten Meisters übertrifft alles und ist von weit höherem Wert als kostbares Geschmeide, Gold und Perlen.
- *Kirpal*

15. Januar
Es ist schwer zu glauben, aber das einzige, was uns von dauerndem Glück und ewiger Liebe trennt, sind wir selbst.
- *Rajinder*

16. Januar
Wir haben wunderbare Fortschritte erreicht, was die Entwicklung unseres Körpers und des Verstandes betrifft, aber unglücklicherweise haben wir die Seele vernachlässigt. Unsere Seele ist ein Tropfen aus dem Meer der Allbewußtheit. Deshalb ist ihre wahre Natur Licht, Leben und Liebe. Aber unglücklicherweise hat sie sich mit dem Körper und dem Gemüt verbunden und so ihre wahre Identität vergessen.
Solange wir nur im Bereich des Körpers oder der Sinne handeln, ist unsere Sicht eng und begrenzt. Wir sind selbstsüchtig und egozentrisch. Wir mögen Liebe für unsere Familie haben, aber während wir gerne Opfer bringen, um unsere eigenen Kinder gesund und richtig zu ernähren, wenden wir unsere Augen und Herzen von den Kindern anderer ab, die vielleicht Not leiden, krank sind oder sterben.
Wir müssen unser Bewußtsein vom individuellen Selbst zum universellen Selbst erweitern. Wir müssen uns vom Körperbewußtsein zum kosmischen Bewußtsein erheben.
- *Darshan*

17. Januar
Die Gelehrten und Gebildeten führen ein unerfülltes Leben, wenn sie keine Liebe haben. Der Intellekt analy-

siert, trennt und zieht Schlußfolgerungen - seine Aufgabe ist die Differenzierung.
Die Liebe andererseits ist ein Sich-versenken, ein Sich-selbst-verlieren im anderen.
Der Intellekt ist ein Schwertstreich, der trennt, das Schwert der Liebe aber vereint getrennte Herzen, es ist ein Licht, das zwei Gesichter erhellt.
 - *Kirpal*

18. Januar
Gottes Liebe ist wie ein Magnet von unbegrenzter Energie. Wenn die Seelen damit in Kontakt kommen, werden sie magnetisch und unwiderstehlich angezogen. Sie sehnen sich danach, sich für alle Zeiten mit der Quelle dieser Liebe zu vereinigen.
 - *Rajinder*

19. Januar
Unseren Lieben und den uns nahestehenden Personen bringen wir Blumen als Symbol der Liebe. Bringen wir doch allen, denen wir begegnen, Blumen!
 - *Rajinder*

20. Januar
Es gibt keinen Zweifel, daß wir heute großen Schwierigkeiten gegenüberstehen, sowohl als Individuum, als auch in der Gemeinschaft. Aber Heilige sind Propheten der Hoffnung, nicht des Untergangs. Während wir Fehler, die beseitigt werden müssen, erkennen, dürfen wir nicht zulassen, daß sie uns ganz in Anspruch nehmen. Besser als im Dunkeln zu wohnen, ist es im Licht zu leben.
 - *Darshan*

21. Januar
Spiritualität ist eine innere Erfahrung und ihr ABC beginnt dort, wo alle Philosophie und alle Yoga-Übungen enden. Es ist eine Erfahrung der Seele. Wenn man sagt:"Ich bin der Körper", so ist das ein Gefühl, das vom Intellekt ausgeht und zeugt von Unwissenheit. Sagt man:"Ich bin nicht der Körper, ich bin eine erwachte Seele", so ist das nur angelerntes Wissen oder Theorie. Wenn man jedoch durch Selbstanalyse eine wirkliche Erfahrung von der Seele erlangt und mit der Überseele in Berührung kommt, so ist das Spiritualität.
  - *Kirpal*

22. Januar
In einer Welt, die verzweifelt nach Frieden ruft, hat jeder von uns eine zweifache Verpflichtung. Die eine besteht uns selbst gegenüber, die andere gegenüber unseren Mitmenschen. Wenn wir in dieser Welt Frieden schaffen wollen, müssen wir ihn zuerst in unserer Seele schaffen und ihn in unserem täglichen Leben zeigen. Auf diese Weise werden wir zu Lichtern, die, wenn sie zusammenkommen, zu einem Leuchtturm für die gesamte Welt werden. Wir müssen uns zuerst selbst reformieren, wenn wir wollen, daß andere reformiert werden; wir müssen uns selbst umwandeln, wenn wir wollen, daß die Menschheit umgewandelt wird.
Der universale Frieden beginnt in jedem von uns.
  - *Darshan*

23. Januar
Ein Mensch mag alle Reichtümer der Welt besitzen, aber wenn er nichts über seine Seele weiß, hilft ihm das

nicht. Der tiefe Sinn des Lebens ist, daß man sich selbst erkennt.
- *Kirpal*

24. Januar
Das endgültige Ziel des spirituellen Pfades ist es, mit dem Schöpfer eins zu werden. Diese Erfahrung verwandelt uns zutiefst, denn das, was menschlich war, wird göttlich. Man sieht dasselbe Licht in der gesamten Schöpfung leuchten. Es gibt dann keine Dualität mehr, kein Getrenntsein, keine Ausländer, keine Fremden, und wir sehen alle als unsere Brüder und Schwestern an. Wenn wir erst das Licht Gottes in jedem Herzen sehen, entwickeln wir Liebe für alle und glauben wirklich an die Einheit allen Lebens.
Wenn wir diesen Zustand erreichen, sehen wir ins wahre Herz des Lebens und sehen dort als Reflexion nur die Liebe des einen Schöpfers. Wir sehen, daß sowohl das niedrigste, als auch das höchste aller Kinder Gottes mit Göttlichkeit gesegnet ist. Alle Schöpfung wird zu unserer eigenen und wir gehören selbst der gesamten Schöpfung.
- *Darshan*

25. Januar
Alle großen Heiligen und vollendeten Meister sagen dasselbe, daß wir alle lieben sollten. Gott und die Menschen zu lieben sind die beiden wichtigsten Grundsätze, die alle Heiligen und Meister lehren.
Wenn wir nach diesen Geboten leben, wird Friede auf Erden sein, das Reich Gottes wird auf die Erde kommen, und die Gefahr eines Weltkrieges wird gebannt.
- *Kirpal*

26. Januar
Ein Ausspruch besagt: „Ein Lächeln kostet nichts." Ein Lächeln kann das Leben eines anderen Menschen erhellen. Diese Person kann ihrerseits andere aufmuntern, denen sie begegnet. Dieser Kreislauf setzt sich fort, und unser Lächeln oder das eine nette Wort wird sich vervielfältigen, so daß viele Menschen ein wenig mehr Freude in ihrem Leben erfahren.
  - *Rajinder*

27. Januar
Wir sollten lernen zu vergeben und zu vergessen. Das ist eine goldene Lebensregel, um Frieden und Harmonie zu erlangen, so daß wir uns gut konzentrieren und erfolgreich meditieren können. Wer vergibt, ist doppelt gesegnet. Rache zu üben ist kleinmütig, aber anderen ihre Fehler zu vergeben, ist tugendhaft und edel.
  - *Kirpal*

28. Januar
Schaut auf das Leben der Heiligen. Sie sind die Verkörperung der Barmherzigkeit. Sie hegen niemals ungute Gefühle anderen gegenüber. Manchmal haben sie unter Bosheiten und Beschimpfungen zu leiden, aber sie bleiben stets ruhig und gelassen - sie praktizieren Gleichmut. Selbst körperliche Quälereien ertragen sie mit Beherrschung. Das ist eine Lektion für alle, die dem göttlichen Pfad zu Gott zurück folgen.
  - *Darshan*

29. Januar
Alle Lebewesen, ob jung oder alt, sehnen sich nach Liebe, denn das bringt Freude und Glückseligkeit in ihr Le-

ben. Wir sollten allen, denen wir begegnen, lebensspendende Liebe und Mitgefühl schenken. Wie leicht ist es doch, ein paar nette aufmunternde Worte für jeden zu finden! Wie glücklich können wir uns gegenseitig den Tag gestalten! Wie einfach ist es, andere anzulächeln, mit Liebe in den Augen anzusehen und mit liebevollen Worten anzusprechen!
- *Rajinder*

30. Januar
Die großen Heiligen und vollendeten Meister sind voller Gnade, und sie vergeben und helfen. Ihre Aufgabe ist es, die Seelen aus dem Bereich des Gemüts herauszubringen.
Für eine Seele ist es nur dann möglich, diesen Bereich zu überschreiten, wenn ihr jemand hilft, der zu den Regionen jenseits des Gemüts bereits Zugang hat.
- *Hazur*

31. Januar
Wir erhalten neunundneunzig Geschenke von Gott, aber suchen nach dem hundertsten. Wir haben tausend Geschenke von Gott, doch wir konzentrieren uns immer nur auf das, was wir nicht haben.
Es ist an der Zeit, dankbar zu sein. Laßt uns doch Gott für alles, was Er uns gegeben hat, danken. Richten wir unsere Aufmerksamkeit auf das Positive und Gute in unserem Leben! Machen wir uns keine Sorgen, wenn wir vielleicht ein oder zwei Dinge nicht haben, denn dies ist so wenig im Vergleich zur Fülle, die uns Gott gewährt.
- *Rajinder*

1. Februar
Manche Menschen hoffen auf einen Himmel irgendwo in weiter Ferne, aber der Himmel ist ein Bewußtseinszustand hier und jetzt.
Wenn wir nach einem gottesfürchtigen Leben und nach Liebe trachten, sind wir bereits jetzt Bewohner des Himmels, in den wir danach kommen werden.
  - *Kirpal*

2. Februar
Die Glückseligkeit, die in der Meditation entsteht, verleiht unserer Seele etwas mehr Bewußtsein. Man sagt, daß Gott ein Meer der Allbewußtheit ist.
Da unsere Seele vom gleichen Wesen ist wie Gott, ist auch sie Bewußtheit.
Leider hat sich die Seele, seit sie von ihrem Ursprung getrennt und im physischen Körper gefangen wurde, in Gemüt, Materie und Täuschung verloren.
Wir wissen alle, daß in dieser Welt alles vergänglich ist und daß die Besitztümer und Errungenschaften, auf die wir so stolz sind, nicht von Dauer sind.
Wir sind ständig auf der Suche nach Glück, können es aber nicht finden. Der Grund dafür ist, daß keine noch so große materielle Annehmlichkeit, kein materieller Gewinn unserer Seele - die ja ein bewußtes Wesen ist - Glück geben kann.
Wenn unsere Seele von Frieden und Glückseligkeit erfüllt sein soll, müssen wir ihr Bewußtheit schenken.
  - *Darshan*

3. Februar
Euer Beispiel sollte wie ein Licht in der Finsternis leuchten, und die Menschen - auch solche, die zuerst gegen euch sind - werden sich um Führung und Hilfe an euch wenden.
— *Kirpal*

4. Februar
Wir können dem Meister innen wirklich und wahrhaftig begegnen, wenn wir uns über unsere körperlichen Grenzen erheben.
Und diese Begegnung im Innern ist keine Fiktion, sie ist viel wirklicher als das, was wir für wirklich halten.
— *Rajinder*

5. Februar
Es ist Wahrheit, daß Gott Geist ist und nur im Geist angebetet werden kann. Wir können Ihn nicht mit menschlichen Händen anbeten und noch weniger in den mit Händen erbauten Tempeln, Kirchen oder Synagogen.
Er wohnt in der tiefsten Tiefe der menschlichen Seele. Er ist in jeder Gestalt und von keiner getrennt. Ob wir an Ihn glauben oder nicht, wir leben in Ihm, haben unser Sein in Ihm.
— *Kirpal*

6. Februar
Gott, die allumfassende Kraft, die als Wort oder Naam die ganze Schöpfung durchdringt, ist für den Menschen unsichtbar. Deshalb kann Er die Menschen nicht direkt führen, sondern nur durch einen menschlichen Pol. Der Mensch kann vom unsichtbaren Schöpfer nicht lernen, solange er sich nicht auf dessen formlose Ebene erhebt. Nur ein Mensch kann der Lehrer des Menschen sein. Deswegen gibt Gott in Seiner Barmherzigkeit bestimmten Seelen den direkten Auftrag, in der materiellen Welt zu wirken, um die heilige Pflicht zu erfüllen, Sucher nach der Wahrheit zu Ihm zurückzubringen.
Seelen mit diesem Auftrag werden Heilige oder Meister genannt.
   - Darshan

7. Februar
Die Liebe ist das A und O der Spiritualität. Wer die Liebe in ihrem wahren Wesen versteht und durch ihr Licht lebt und handelt, wird Gott erreichen - so sicher, wie zwei mal zwei vier ist.
   - Kirpal

8. Februar
Um die Vereinigung mit Gott zu erlangen, haben wir alle den menschlichen Körper erhalten. Wir kommen nicht in die Welt, nur um hier aufzuwachsen, in die Schule zu gehen, uns ausbilden zu lassen, zu arbeiten, ein Geschäft zu führen oder zu unterrichten, eine Familie zu gründen und dann zu sterben.

Daß wir hier in unserem Körper sind, hat einen bestimmten Sinn, nämlich den, uns selbst und Gott zu erkennen und mit Gott in Verbindung zu treten.
Der Sinn und Zweck ist, daß unsere Seele, die seit Äonen von Zeitaltern von einem Körper zum anderen wandert, zu Gott zurückkehrt.
Das Ziel ist also, daß die Seele schließlich in ihre wahre Heimat zurückkehrt.
- *Rajinder*

9. Februar
Der Mensch hat viele Möglichkeiten, sich zu entwickeln. Er besteht aus Körper, Geist und Seele. Die Seele im Menschen ist das Bindeglied zu Gott und gibt dem Geist und dem Körper Kraft.
Wir sollten alle drei Aspekte im Menschen - also Körper, Geist und Seele - entwickeln.
- *Kirpal*

10. Februar
Jeder Ort des Betens ist Symbol
    des einen Geliebten,
Siehst du einen Tempel,
    so verneige dich,
Siehst du eine Moschee,
    so verbeuge dich.
- *Darshan*

11. Februar
Das Gebet ist der Schlüssel zum Himmelreich. Man kann das wahre Gebet bezeichnen als qualvoller Schrei der Seele in Not oder Hilflosigkeit um Erleichterung und Trost.
Es ist ein Schrei, der an eine höhere Macht gerichtet wird, an eine Macht, die vollkommener und größer ist als die Seele.
Das Gebet ist, im gebräuchlichen und allgemein anerkannten Sinn, eine Anrufung Gottes oder eines Heiligen, der einem Gemüt, das von den Schwierigkeiten des Lebens und der Lebensumstände gepeinigt wird, Trost und Frieden geben kann.
  - *Kirpal*

12. Februar
Ein vollkommener lebender Meister kann eine suchende Seele mit dem göttlichen Licht und der Harmonie aller Harmonien verbinden, weil er mit Gott eins geworden ist und als bewußter Mitarbeiter am göttlichen Plan wirkt.
Er kann sein Bewußtsein unter Anleitung und Führung seines eigenen Lehrers vom Körper trennen, sich in höhere Ebenen erheben und den Ursprung allen Lichts erreichen, wo er eins mit Gott wird, und er kann in Sekundenschnelle in seinen Körper zurückkehren.
Gott sendet seit undenklichen Zeiten vollkommene Heilige und Meister, um den Menschen zu helfen, das gleiche Ziel der Gotterkenntnis zu erlangen.
  - *Darshan*

13. Februar
Ein Heiliger ist für jeden von uns ständig voller überfließender Liebe, denn sein Bewußtsein ist eins mit Gott. Gottes Liebe durchdringt sein ganzes Sein. Er ist das Werkzeug, durch das Gott wirkt.
- *Rajinder*

14. Februar
Gott durchdringt das ganze Universum; man kann sich jedoch nur mit Ihm verbinden, wenn man sich über die Grenzen der Sinne erhebt.
Laßt uns das Buch des Lebens studieren - unser wahres Selbst! Laßt uns darauf achten, daß wir die wahre Religion nicht mit Glaubensbekenntnissen und religiösem Brauchtum verwechseln.
Wir sollten uns klarmachen, daß das Sichtbare vergänglich, das Unsichtbare aber ewig ist - und das ist die allen Religionen zugrundeliegende Einheit.
- *Kirpal*

15. Februar
Die karmische Schuld ist oft sehr komplex, und sie muß bezahlt werden.
Es ist angebracht, sie im physischen Körper zu begleichen, damit es auf dem inneren Weg keine Verzögerungen gibt.
- *Kirpal*

16. Februar

Laßt die Erde erblühen von Rosen, duftend und süß, und des Himmels Licht in jedem menschlichen Herzen leuchten!
Mögen Seine göttlichen Worte die rastlosen Seelen beglücken, und möge Sein Friedenslied in dieser trostlosen Welt erklingen.
- *Darshan*

17. Februar

Religion ist eine Sache zwischen der Seele und Gott, und alle Formen der Verehrung und religiöser Betrachtungen sind nutzlos, wenn wir nicht die göttliche Liebe auf den Thron unseres Herzens lassen. Es ist der Tempel des Herzens, wo das ewige Licht der Wahrheit und Liebe brennt.
- *Kirpal*

18. Februar

Gott kann überall und jederzeit zu seinem Schüler kommen, weil Er den Schüler liebt, weil Er jedem von uns helfen will, weil Er in seiner Gnade wie eine Mutter, wie ein Vater, wie ein Beschützer für uns ist.
- *Rajinder*

19. Februar

Mit der Geburt beginnt das Vergessen. Das Kind weint, wenn es entbunden wird.
Licht und Ton, Stütze und Schutz der Seele im Schoß der Mutter, beginnen nach der Geburt zu verblassen und verschwinden bald aus dem Blickfeld.

Wenn ein Kind weint, hört es auf, sobald man eine Kerze in seine Nähe stellt oder mit einer Glocke klingelt, denn in seinem Gemüt ist noch immer ein schwacher Eindruck vom verlorenen Licht und Ton.
- *Kirpal*

20. Februar
Göttlichkeit erlangt man nur durch Meditation. Außerdem müssen wir unser Leben nach den Anweisungen eines vollkommenen Lehrers umwandeln.
Alle Meister haben großen Wert auf ein ethisches Leben gelegt. Wir sollten jedem, der in Not ist, selbstlos dienen, stets und in jeder Situation bescheiden sein und liebevoll reden, wie sehr man uns auch provozieren mag.
Wenn wir uns diese Eigenschaften zu eigen machen, und uns Gottes Willen hingeben und nach dem Prinzip „Dein Wille geschehe, o Herr" handeln, dann kommen wir schnell auf dem Pfad voran. Das alles sind Vorbedingungen für das Einswerden mit Gott.
- *Darshan*

21. Februar
Äußeres Wissen wird durch Studium, durch Bemühung, erworben. Man erreicht es durch intellektuelle Anstrengung und es führt zu immer größerer Spezialisierung. Demgegenüber ist spirituelles Wissen von seinem Wesen her verbindend, vereinend, und entspringt aus unserer Erfahrung des Ursprungs von allem. Verglichen mit intellektuellem Wissen ist es wie der Vollmond im Vergleich zum Neumond.
- *Darshan*

22. Februar
Jedesmal, wenn die Liebe in unseren Augen auf andere ausstrahlt, wird der gütige Meister, der uns von innen her beobachtet, überglücklich vor Freude sein.
  - Rajinder

23. Februar
Auf dem Weg zur Spiritualität ist Reichtum an sich kein Hindernis, denn die Spiritualität ist das gemeinsame Erbgut aller, der Reichen wie der Armen, und keiner kann sie nur für sich beanspruchen.
Alles, was man zum Erfolg auf dem spirituellen Weg braucht, ist echtes Verlangen, ehrliche Absicht, ein reines Leben und unentwegte Hingabe an die Sache.
Der Reiche muß aber darauf achten, daß er nichts Unredliches tut, um sein Vermögen zu vermehren, und daß er seine ehrenhaft erworbenen Schätze nutzbringend anlegt und sie nicht verschwenderisch und für vergängliche Dinge ausgibt.
Er sollte seinen Reichtum immer als von Gott gegeben ansehen und den Armen und Bedürftigen, den Hungernden und Dürstenden, den Kranken und Leidenden damit helfen, denn sie alle haben als Kinder desselben Vaters ein Anrecht darauf.
  - Kirpal

24. Februar
Wir haben keine Zeit, geduldig miteinander zu reden. Von morgens bis abends jagen wir durchs Leben. Wir kennen weder Gemütsruhe noch inneren Frieden. Es fehlen uns Gelassenheit und Ruhe. Wir finden keinen

Frieden und nicht die Seligkeit und die Freude, nach der wir suchen.
Wenn wir etwas tun, sollten wir es so tun, daß es uns Freude bringt. Im Tun selbst liegt das Glück, und es erfüllt uns mit Freude, wenn wir etwas zu Ende gebracht haben.
    - *Darshan*

25. Februar
Gott ist kein unwissendes Kind, und Er hält nicht immer das für richtig, was wir uns wünschen, sondern sieht den wahren Zustand unseres Lebens.
    - *Kirpal*

26. Februar
Wahre Religion ist eine Angelegenheit zwischen unserer Seele und Gott, und wenn wir die göttliche Liebe nicht in unserem Herzen tragen, sind alle Formen der Anbetung und religiösen Feiern sinnlos.
Es ist der Tempel des Herzens, in dem wir das Licht der Liebe immer brennen lassen müssen.
    - *Kirpal*

27. Februar
Wenn wir meditieren und uns so verhalten, als ob wir leere Gefäße seien, die nur darauf warten, daß Nektar hineingegossen wird, wenn wir bescheiden und liebevoll sind und uns nicht an etwas klammern, dann sind wir im richtigen Zustand, um Gottes Gnade zu empfangen.
    - *Rajinder*

28. Februar
Wenn auch unsere Erlösung allein von Gottes Liebe abhängt, so sollten wir doch nicht träge sein. Ein müßiges Leben führt zu nichts, denn Gott hilft nur denen, die sich selbst helfen. Erlösung erlangen wir zweifellos nur durch Gnade, aber dieser Gnade muß man sich erst als wert erweisen.
- *Kirpal*

29. Februar
Fehler bei anderen zu finden ist leicht, aber sich selbst zu ändern, ist schwer, weil wir den Balken in unserem eigenen Auge nicht sehen.
- *Kirpal*

1. März
‚Frohen Mutes zu sein' bedeutet, eine positive Einstellung zu haben. ‚Mit Freude durchs Leben gehen' heißt auch, beharrlich und dauernd zu versuchen, höhere und immer höhere Stufen zu erreichen.
Wir sollten uns ständig bemühen, auf dem Pfad der spirituellen Entwicklung voranzukommen, und wir sollten dabei immer frohen Mutes sein.
Wir sollten, zumindest nicht für längere Zeit, der Aufregung, Enttäuschung, Verzagtheit oder Traurigkeit zum Opfer fallen. Für kurze Zeit mag man wohl Pechsträhnen haben, aber wir sollten immer versuchen, davon nicht berührt zu werden.
- *Darshan*

2. März
Wahre Reue, auf die gute Taten folgen, kann viel Leid mildern. Der Mensch würde wenig für Gott tun, wenn

der Teufel tot wäre. Lebt der Mensch im Schatten eines drohenden Unglücks, so lebt er am besten, denn dann strengt er sich am meisten an.
- *Kirpal*

3. März
Alles, was wir haben, stammt von Gott. Es wäre gut, mit unserem Stolz aufzuräumen und alles als Geschenk Gottes zu erkennen.
- *Rajinder*

4. März
Liebe ist das Wesen unserer Seele, Gott ist Liebe, und unsere Seelen sind Tropfen aus dem Meer der All-Liebe, das auch die personifizierte Liebe ist. Aber Liebe bedeutet auch Bindung.
Doch leider ist die Liebe der Seele nicht auf die Überseele, auf Gott ausgerichtet, sondern hat sich an irdische Dinge und äußere Freuden gehängt. So kommt es, daß wir, anstatt Gott zu lieben, nur den Dingen oder äußeren Freuden verhaftet sind.
Wohin gehen wir? - Dorthin, wo wir gebunden sind. Was in unserem Gemüt ist, daran hängen wir, das lieben wir. Ist es Liebe zu weltlichen Dingen, dann werden wir immer wieder in diese Welt geboren werden.
Wohin gehen wir aber, wenn wir Gott oder den Meister lieben? - Dorthin, wohin der Meister geht. Denn wenn er dem Rad der Wiederverkörperung nicht mehr unterworfen ist, warum sollten wir es dann sein?
Der Meister kommt von Gott und kehrt zu Ihm zurück. Er hat den Auftrag, die Seelen zu Gott zurückzubringen.
- *Kirpal*

5. März
Die Heiligen lieben alle Geschöpfe, auch die Tiere des Waldes und sogar die Schlangen und Tiger, und sie spielen mit ihnen. Die Heiligen sehen in niemandem einen Feind.
- *Hazur*

6. März
Das Reich Gottes ist ein Bewußtseinszustand, in dem wir Gott mit ganzem Herzen, mit ganzem Gemüt und mit unserer ganzen Kraft lieben, und in dem wir unseren Nächsten lieben wie uns selbst.
- *Kirpal*

7. März
Unsere Augen sollten stets bereit sein, um die Blicke eines vollendeten Meisters, die er liebevoll über die Menschenmenge schweifen läßt, aufzufangen.
Unser Herz und unsere Seele sollten stets offen sein, um die Liebe, die ein solcher Meister an alle rundherum verteilt, aufzunehmen.
Jeder Blick wird uns dann in einen höheren Zustand der Glückseligkeit versetzen.
- *Rajinder*

8. März
Wir müssen alles, was uns begegnet, heiter und gelassen ertragen und Gottes Willen darin sehen, und wir dürfen keinem Seiner Geschöpfe schaden oder ihm wehtun.
- *Kirpal*

9. März
Es gibt zwei Arten von Menschen auf der Welt.
Zum einen diejenigen, die sich zurückziehen, sich nach innen kehren und Inspiration direkt von der großen Kraft im Innern erhalten. Zum andern jene, die äußere Hilfen brauchen, wie Kirchen oder Tempel, und die vor Altären, Götterbildern und Statuen beten.
Manche lassen sich auch von den großen Naturkräften inspirieren, von der Sonne, vom Mond, den schneebedeckten Bergen, vom Wasser der heiligen Flüsse als den verschiedenen Offenbarungen der einen Kraft, die hinter dem ganzen Universum steht.
Dabei gewinnt jeder, durch seinen Glauben, durch seine Fähigkeit, sich zu konzentrieren, durch seine Art der Verehrung. Denn nichts in der Natur geht verloren und keine Bemühung ist umsonst.
   - *Kirpal*

10. März
Wir können in dieser Welt nur Frieden finden, wenn wir zu Füßen der Christuskraft, die sich in einem lebenden Heiligen offenbart, das Mysterium von Leben und Tod lösen und ein bewußter Mitarbeiter am göttlichen Plan werden.
Alle Gründer der Weltreligionen wußten um die göttliche Rolle des lebenden Lehrers, der für die ganze Menschheit da ist.
   - *Darshan*

11. März
Wenn wir möchten, daß jeder Tag im Jahr zu einem Feiertag wird, sollten wir uns in der Liebe eines vollendeten Meisters verlieren, denn diese Liebe bringt uns das große Glück, und wir vergessen all unsere weltlichen Schmerzen und Probleme, und sogar uns selbst.
   - *Rajinder*

12. März
Liebe ist das höchste Gesetz aller vollendeten Meister. Sie kennen nur Dienen und Opfern. Wer sein Leben auf dem Altar der Liebe opfert, wird unermeßliche Glückseligkeit und Harmonie erhalten. Liebe erzeugt Liebe.
   - *Kirpal*

13. März
Obwohl wir von Natur aus göttlich sind, haben wir uns selbst so sehr mit dem Körper und dem Gemüt identifiziert, daß wir uns nicht mehr als Seele erkennen. Wir sind in der Täuschung der Sinne verloren und von Dunkelheit umhüllt. Obwohl wir unsterblich sind, leben wir in beständiger Angst vor dem Tod. Obwohl wir ein Tropfen aus dem Meer der Allbewußtheit sind, sind wir doch das Opfer der Unwissenheit und Unwahrheit.
Wir sind in einer solchen Notlage, daß wir selbst keinen Ausweg finden. Wir brauchen deshalb jemanden, der seine eigene Göttlichkeit erkannt und verwirklicht hat und der uns zu Hilfe kommt.
Die Bibel beschreibt es so: Wir werden mit Schafen verglichen, die einander blind folgen und die einen Hirten brauchen, der sie führt, denn sich selbst überlassen, fallen sie in den Abgrund.
   - *Darshan*

14. März
Nichts würde mich glücklicher machen, als zu sehen, daß ihr euch durch die Meditation auf das innere Licht und den inneren Ton auf den Schwingen der Liebe zum gütigen Schöpfer erhebt.
- *Rajinder*

15. März
Der menschliche Körper ist der Tempel Gottes. Er ist die wirkliche, von Gott geschaffene Kirche, Synagoge und Moschee. Wie beklagenswert, daß wir Ihn in von Menschen gebauten Häusern suchen!
Wer tief in die Höhle des menschlichen Gemüts einzudringen und im Laboratorium der Seele zu experimentieren weiß, ist imstande, Wunderbares und Erhabenes zu schauen und die himmlischen Melodien der göttlichen Harmonie zu hören.
- *Kirpal*

16. März
Lebenspartner sind wie zwei harmonisch zusammenklingende Töne aus derselben Flöte, die wie die Seele immer nach der Vereinigung mit dem Spieler - dem Schöpfer - sucht.
Die Ehe hat zwei wichtige Aufgaben zu erfüllen: die eine besteht darin, die weltlichen Pflichten und Verpflichtungen im Geist der Selbstaufopferung und des selbstlosen Dienens auszuführen, und die andere darin, unseren Verpflichtungen in mystischer Hinsicht nachzukommen.
- *Darshan*

17. März
Wer auf dem spirituellen Pfad ist, sollte unter der Führung eines kompetenten Meisters versuchen, alle Schwierigkeiten auf liebevolle, geduldige und tolerante Weise zu überwinden.
Das wird Chaos in Harmonie verwandeln, die Hölle ins Paradies, und das Glück schließlich in ewig währende Glückseligkeit.
 - *Darshan*

18. März
Der Mensch zögert und fürchtet sich davor, sich einem Heiligen zu nähern, weil sein Leben fehlerhaft ist, beim einen mehr, beim anderen weniger.
Fürchtet euch niemals, zu einem Heiligen zu gehen, weil ihr Sünder seid. Er ist mehr für die Sünder da, als für andere. Er hat ein Heilmittel für jede Wunde.
Wendet euch an ihn, und durch ihn wird sich ein Weg finden, euch von den Sünden zu befreien. Er hat Mittel und Wege, jedem Fall gerecht zu werden.
 - *Kirpal*

19. März
Fromm zu sein besteht nicht nur darin, unsere Hände im Gebet zu Gott zu erheben, sie besteht ebenso darin, unsere Hände für den Dienst an unseren Mitmenschen zu benutzen.
 - *Darshan*

20. März
Das Unbegrenzte hat keinen Anfang und kein Ende. Aus diesem Grunde ist Gott als der einzige Eine bekannt.
Die Harmonie aller Harmonien, die Musik der Sphären, hört niemals auf, und auch wenn wir schlafen, erklingt sie weiter. Die gottberauschten Mystiker nennen sie daher „grenzenloser Klang". Sie hat keine Begrenzungen und kein Ende.
- *Hazur*

21. März
Das Heilmittel für alles Übel und der einzige Weg, Gottes Gnade zu finden, sind vollständige Hingabe an Ihn und Demut und Bescheidenheit.
- *Kirpal*

22. März
Die Liebe, die in jedem von uns schlummert, wird durch Gewaltlosigkeit zum Leben erweckt. Gewaltlosigkeit erstreckt sich nicht nur auf Menschen, sondern auch auf Tiere, Pflanzen, Insekten, auf jede Lebensform.
Durch Gewaltlosigkeit wird Liebe in uns erweckt, und diese Liebe ist die Liebe Gottes. Wenn einmal diese göttliche Liebe erwacht ist, werden wir kein Lebewesen mehr verletzen, und Gewaltlosigkeit macht uns schließlich zum wahren Menschen, zu einem Menschen, wie Gott ihn haben wollte.
Wer auf dem Pfad der Gewaltlosigkeit wandelt, beseitigt den Schmerz und die Sorgen der ganzen Welt.
- *Rajinder*

23. März
Wer erwartet, daß sich nach der Einweihung auf das innere Licht und den inneren Ton die weltlichen Angelegenheiten so ändern, daß wir nichts Unangenehmes mehr erleben, hat falsche Vorstellungen.
Das Auf und Ab in der Welt kommt als Ergebnis von den Rückwirkungen unserer eigenen Handlungen, aufgrund des eigenen Karmas. Man muß dem ins Auge sehen und die Rechnungen begleichen.
  - *Kirpal*

24. März
Barmherzig zu sein heißt, das wahre Leben zu leben, für andere da zu sein. Das Hauptprinzip des Lebens ist, anderen zu helfen.
Barmherzigkeit bedeutet, mit anderen zu teilen, was man hat und an den Leiden anderer Anteil zu nehmen. Es bedeutet, allen zu helfen, die uns brauchen, selbstlos zu dienen, ohne an die eigene Bequemlichkeit zu denken.
  - *Darshan*

25. März
Liebe wird euer ganzes Wesen durchdringen. Sie wird aus jeder Pore eures Körpers strömen und allen Unrat in pures Gold verwandeln.
Liebe ist sowohl der Weg als auch das Ziel des Lebens. Liebe, Licht und Leben sind nur verschiedene Widerspiegelungen der einen Gottheit.
  - *Kirpal*

26. März
Alle heiligen Schriften erklären uns, daß die ganze Welt durch das göttliche Licht und den göttlichen Klang entstand. Dieses Licht und dieser Ton befinden sich in jedem einzelnen von uns.
Sant Kirpal Singh sagte oft, es sei eine Schande, daß sich in unserem Körper sowohl unsere Seele als auch unser Schöpfer befinden, aber daß die beiden leider nicht miteinander kommunizieren.
Unsere Situation gleicht der eines Ehepaares, eines Mannes und seiner Frau, die zusammen im selben Haus leben, aber nicht miteinander sprechen und sich nicht sehen.
Unsere Seele, unser wahres Selbst, wohnt im Körper, Gott, der uns das Leben gibt, der Geber, der uns alles schenkt, wohnt ebenfalls im Körper, doch leider sprechen die beiden nicht miteinander und sehen sich nicht.
- *Rajinder*

27. März
Wenn wir Liebe und Mitleid in unserem Herzen entwickeln und sie im täglichen Leben zum Ausdruck bringen, wird der Friede von selbst erblühen.
- *Darshan*

28. März
Das Gebet trägt eine große dynamische Kraft in sich. Es stärkt und rüstet den Menschen, dem Lebenskampf furchtlos ins Auge zu sehen und ihn erfolgreich zu bestehen. Tatsächlich ist es das einzige Mittel für alle Arten von Übel. Es ist der Schlüssel zum Himmelreich.
- *Kirpal*

29. März
Erkennen wir durch Meditation unsere Einheit, so sehen wir, daß wir alle eine Familie sind. Es wird dann keinen Hunger mehr geben, denn wer läßt seine Familie hungern?
Erkennen wir durch Meditation unsere Einheit, dann wird es keine Armut mehr geben, denn wer läßt seine Familie obdachlos in den Straßen umherziehen?
Erkennen wir durch Meditation unsere Einheit, so wird es keinen Krieg mehr geben, denn wer richtet das Gewehr auf seinen Bruder oder seine Schwester?
Entdecken wir durch Meditation Frieden und Freude, werden wir in einem Zustand der Ruhe und des Gleichgewichts leben und diesen Frieden auf andere ausstrahlen. Jeder der mit uns in Verbindung kommt, wird sich dann automatisch friedvoll fühlen. Wir brauchen dann nicht mehr länger um Frieden beten, weil wir selbst voller Frieden sind.
Meditation erhebt uns und läßt uns einen Blickwinkel erreichen, durch den wir selbst Zeuge der Einheit in der Maschinerie des Lebens werden.
 - *Rajinder*

30. März
Mond und Sterne sind uns so nah,
Doch wehe,
uns'res Nachbarn Herz
haben wir nicht erreicht.
 - *Darshan*

31. März
Wir müssen uns im Gebet an Gott oder an einen kompetenten Meister wenden. Denn nur Er ist in der Lage, uns aus dem mächtigen Sog des Gemüts und der Materie herauszuziehen und den verwundeten Herzen, die von leidenschaftlichen Wünschen und Versuchungen zerrissen sind, heilenden Balsam aufzulegen.
Er ist die Stärke des Schwachen, der Notanker in den Stürmen des Lebens und eine sichere Zuflucht für den Heimatlosen.
Sein gnadenvoller Blick tröstet die gebrochenen Herzen.
   - *Kirpal*

1. April
Du fragst, was dich in der Dunkelheit gefangen hält. Dies kann mit einem Wort beantwortet werden: Wünsche. Die Wünsche sind das Ergebnis unseres eigenen vergangenen Karmas. Wenn wir uns von weltlichen Wünschen freimachen könnten, gäbe es nichts, was uns in dieser Welt festhalten könnte.
   - *Hazur*

2. April
Laßt uns genügend Zeit für unsere spirituellen Übungen aufbringen, damit wir unsere angeborene, von Gott geschenkte Schönheit wiedergewinnen.
Wenn wir das erreichen, werden wir für alle, mit denen wir in Kontakt kommen, den Glanz der Liebe und des Lichts widerspiegeln.
In der Tat werden wir dann alles was lebt und den Planeten Erde mit dieser Liebe erfüllen.
   - *Rajinder*

3. April

Jemand fragte die Erde: „Du hast Berge und Meere, Bäume und Tiere und bist mit Menschen beladen. Du mußt das als eine große Last empfinden." Die Erde antwortete: „Nein, es ist keine Last für mich."
Dann wurde die Erde erneut gefragt: „Gibt es etwas, was dir das Gefühl einer großen Belastung gibt?" Sie sagte: „Ja, es ist derjenige, der Gott nicht dankbar ist für die Gaben, die Er ihm gewährt. Diese Last kann ich nicht tragen."
Wir sollten dankbar sein für alles, was wir erhalten. Wir haben einen Körper - dankt Gott. Wir haben eine Wohnung, in der wir leben - dankt Gott. Falls Gott uns geholfen hat, einen Lebensgefährten zu finden - dankt Gott. Vergleicht euch mit denen, die nicht so entwickelt sind wie ihr. Tiere haben keine Häuser. Deshalb müssen wir dankbar sein. Die meisten von uns sind das nicht. Wenn ihr dankbar seid, kommt euer Gemüt zur Ruhe, ihr seid zufrieden und euer Blickwinkel hat sich geändert.
    - Kirpal

4. April

Unser Ehepartner ist unser Spiegel, und manchmal sehen wir unsere eigenen Fehler nur allzu deutlich vor unseren Augen widergespiegelt. Das Eheleben verläuft ruhig, wenn jeder Partner Geduld und Selbstbeherrschung übt, getragen von gegenseitiger Zuwendung und Respekt.
    - Darshan

5. April

Wenn wir regelmäßig und richtig meditieren, werden wir

die wahre Begegnung von Herz zu Herz und von Seele zu Seele mit dem Meister im Innern erleben. Wir werden bezaubert sein und uns immer höher und höher erheben.
— *Rajinder*

6. April
Wahre Heilige sprechen immer bestimmt und aus der Überzeugung heraus. Sie wissen und kennen alles aus erster Hand, denn ihr Wissen entspringt ihrem unmittelbaren Einssein mit dem allumfassenden Urgrund, der Quelle allen Seins.
Jedes Wort, das ein Heiliger äußert, ist von der unveränderlichen Wahrheit geprägt, die weit jenseits menschlicher Erkenntnis liegt.
— *Kirpal*

7. April
Bevor wir nicht zu vollkommenen Menschen werden und eine feste Grundlage ethischer Werte entwickelt haben, können wir unsere Spannungen nicht abbauen. Wir sollten versuchen, unsere Pflichten aufrichtig zu erfüllen und nicht in die Rechte unserer Mitmenschen eingreifen oder ihre Gefühle in irgendeiner Weise verletzen.
Werden wir zu wahren Menschen, zu wahren Bürgern, dann strahlen wir Liebe und Zuneigung für alle aus, die mit uns in Berührung kommen. Dann schaffen wir von selbst eine Atmosphäre der Harmonie, der Liebe und Zuneigung, eine Atmosphäre, frei von Nöten.
Liebe überwindet alle Hindernisse und verschönt alles, was uns im Leben begegnet.
— *Darshan*

8. April
Liebe für den Menschen ist eine Kraft, die andere Menschen anzieht. Sie ist eine Kraft, die anderen hilft, ein besserer Mensch zu werden. Wenn wir beginnen, uns gegenseitig zu helfen, wenn wir in unseren Herzen Liebe für den Menschen und jede andere Schöpfungsform hegen, dann wird dieser Planet, auf dem wir leben, zum Paradies.
  - Rajinder

9. April
Wir wurden auf den Weg zu Gott gestellt aufgrund unserer Liebe zu Gott. So lernt nun, die gesamte Schöpfung wie euch selbst zu lieben. Lebt in der Liebe und für die Liebe zu allen, und der Herr der Liebe wird euch wiederum mannigfach um Seiner göttlichen Liebe willen belohnen.
Das ist Sein Gesetz, ewig und unwandelbar. Versucht, einen liebevollen und lebendigen Glauben in Seine Güte zu entwickeln, dann wird euch auf eurem Pfad nichts im Wege stehen.
  - Kirpal

10. April
Alle Heiligen brachten die Botschaft der Liebe und der Einheit. Die Liebe, von der sie sprechen, kommt nicht von der Verstandesebene. Es ist eine Liebe, die sie intensiv leben und überall ausstrahlen, wohin sie auch gehen. Diese Liebe macht keinen Unterschied zwischen arm und reich, Ost und West, hoch und niedrig.

Diese Liebe ist in der Tat das wahre Wesen des Friedens, nach dem die Welt so verzweifelt sucht.
   - *Darshan*

11. April
Es ist für den Meister nicht schwer, eine Seele in die inneren Sphären mitzunehmen, aber verfrühte Erhebung schadet.
Ein feines, seidenes Tuch, das über eine Dornenhecke gebreitet ist, zerreißt in Fetzen, wenn man plötzlich daran zieht.
Ebenso muß die Seele, die sich in den Dornen des Karmas verfangen hat, das jede Zelle des Körpers durchdringt, langsam durch die Liebe eines kompetenten Meisters gereinigt werden.
Durch seine Gnade wird die Seele von diesen Dornen befreit, und das Karma wird langsam, Zelle für Zelle, aus dem Körper herausgelöst.
   - *Hazur*

12. April
Wir sollten mit allen, denen wir begegnen, in Harmonie und Frieden leben, ob hoch oder niedrig, und auch mit den Vögeln und allem Getier, die gleichfalls zur großen Familie Gottes gehören, dem Schöpfer von allem.
Wenn wir das tun, werden andere erkennen, daß wir Gott gehören und in bewußter Verbindung mit dem wahren Licht der Welt stehen.
   - *Kirpal*

13. April
Gott sehnt sich sogar noch mehr danach, sich mit uns zu vereinen, als wir uns danach sehnen, mit Ihm eins zu werden.
Es liegt an uns, Ihm unser Herz zuzuwenden. Wenn unsere täglichen Verantwortungen und Pflichten erledigt sind und die Welt schläft, dann sollten wir zu unserem ewigen Geliebten eilen - im stillen Gebet, in der Meditation.
Gehen wir doch nach innen, öffnen das Tor zum inneren Garten der Glückseligkeit und des Friedens und begegnen wir Ihm dort!
   - Rajinder

14. April
Ego bedeutet Mangel an Demut und Bescheidenheit. Ego ist das Gegenteil von Demut. Wenn wir gelernt haben, demütig zu sein und selbstlos zu dienen, wird unser Ego völlig verschwinden. Um demütig zu werden und selbstlos zu dienen, brauchen wir als Fundament die Liebe.
Wenn wir lernen, die gesamte Schöpfung zu lieben, werden wir auch lernen, demütig und bescheiden zu sein und selbstlos zu dienen. Und wenn wir das gelernt haben, wird unser Ego automatisch verschwinden.
   - Darshan

15. April
Ein wahrer Mensch ist, wer sich in seinem Herzen um die Leiden anderer sorgt. Wer das nicht tut, ist kein wahrer Mensch.
   - Kirpal

16. April
Wenn man einem Kind ein begehrtes Spielzeug kauft und es ihm dann wieder wegnehmen will, muß man ihm normalerweise ein besseres dafür geben. Denn sobald das Kind etwas Besseres erhält, wird es das alte Spielzeug aufgeben.
Die großen Heiligen und Mystiker sagen: Unsere Aufmerksamkeit, der äußere Ausdruck unserer Seele, findet Freude an den Dingen dieser Welt; wenn wir aber Freuden erhalten, die weit größer sind als alle hier in dieser Welt, dann ist unsere Seele nicht mehr an den äußeren Vergnügungen interessiert.
  - *Rajinder*

17. April
Solange wir keine innere Erfahrung von der Seele haben, bleiben wir in äußerster Finsternis. Buchgelehrsamkeit bringt nur Kopfschmerzen, weil sie den Verstand durch die Sinne in die äußere Welt zieht und uns - weil wir ständig mit der äußeren Welt verbunden sind - vortäuscht, daß wir und die Sinne identisch seien.
Im Gegensatz dazu stillt die Selbsterkenntnis das angeborene Verlangen und den Hunger der Seele nach Frieden und Glück.
Alles, was wir zu lernen haben, ist das Buch des Menschen, denn das höchste Studium des Menschen ist der Mensch.
  - *Kirpal*

18. April
Der beste Weg, um Gott zu erreichen, ist unsere Seele durch die Gnade eines lebenden Meisters zu entwickeln. Unsere Seele ist vom selben Wesen wie Gott. Gott ist Liebe, unsere Seele ist, da sie vom selben Wesen wie Gott ist, ebenfalls Liebe, und der Weg zurück zu Gott geht auch über die Liebe.
Um die endgültige Vereinigung unserer Seele mit Gott zu erlangen, müssen wir göttliche Liebe entwickeln. Wenn ich von Liebe spreche, meine ich göttliche Liebe, nicht Lust.
Wenn wir das Wort „Liebe" in der heutigen Zeit mit ihren Menschen und Liebesaffären verwenden, verstehen wir seine wahre Bedeutung nicht. „Liebe" bedeutet in Wirklichkeit Liebe zu Gott und Liebe zur Menschheit, also göttliche Liebe. Wenn wir Liebe zu Gott entwickeln, erweitern wir auch unser Bewußtsein, da Gott allbewußt ist.
   - Darshan

19. April
Wer in Zeiten des Leides nicht betrübt und durch ein bequemes Leben nicht in gehobener Stimmung ist, ist Gott gleich. Große Seelen brauchen kein Lob und reagieren nicht auf Mißbilligung.
Heilige sehen alle als gleich an, denn sie lieben die gesamte Schöpfung. Sie fügen niemandem Leid zu, noch fürchten sie jemanden. Aber wer den Heiligen gegenüber feindselig auftritt, richtet sich selbst zugrunde.
Für große Seelen ist Gold und Sand gleich viel wert.
   - Hazur

20. April
Die Heimat der Seele ist das Haus unseres Vaters. Wir sind begünstigt, den menschlichen Körper zu haben, durch den wir in das Haus unseres wahren Vaters zurückkehren können. Das ist in den niederen Schöpfungsformen nicht möglich. Der Mensch, der zu sterben lernt, der lernt, den Körper willentlich zu verlassen, gewinnt das ewige Leben und braucht nie mehr wieder zurückkommen.
- *Kirpal*

21. April
Wir betrachten die Welt als verwobenes Ganzes. Alles Leben mag als Vielfalt an Farben, Formen und Größen erscheinen, doch das, was alles verbindet, ist in Wahrheit dasselbe, es ist die Liebe! Stellen wir uns eine Welt vor, in der jeder diese Vision lebt!
Wie viele Kriege würden enden! Wie viele Städte würden sicher werden! Wie viele Gemeindeprobleme wären gelöst! Wie viele Streitigkeiten im eigenen Heim würden sich auflösen!
Wir hätten eine Welt, die von Frieden durchdrungen ist und in der man sicher vor dem Schrecken von Verbrechen und Krieg leben könnte.
- *Rajinder*

22. April
Damit wir uns Gott hingeben können, brauchen wir ein reines Herz. Das bedeutet, daß kein anderer Gedanke in unserem Herzen aufkommt, außer an den Einen, den wir lieben. Ist das der Fall, und ist unser Herz frei von äußeren Bindungen, dann wohnt Gott darin.
- *Kirpal*

...hung. Unsere Eltern schlafen,
unsere Brüder und Schwestern
schlafen.
...st schläft, einen anderen auf-
müssen wir zu jemandem
zu einem, der sich selbst
und Leben kommt von Leben,
von einem erwachten Menschen.

24. April
Ein Gebet muß sich aus der Tiefe der Seele erheben. Es sollte keine sinnlose Wiederholung leerer Worte ohne viel Bedeutung sein. Und das, worum wir beten, müssen wir wirklich wünschen, nicht nur mit dem Verstand, sondern aus dem tiefsten Grund unseres Wesens. Ein Gebet muß die Seele bis in ihre Tiefen aufwühlen, und sein Klang sollte aus dem Innersten hervorbrechen und in jedem Nerv, jeder Faser des ganzen Körpers erklingen und uns alles andere vergessen lassen, außer der bezaubernden Musik der Seele.
  - *Kirpal*

25. April
Möge uns jeder Schritt, den wir gehen, einer vereinten Welt näher bringen.
Möge jeder Atemzug, den wir tun, die Atmosphäre mit der Anmut universeller Liebe erfüllen.
Möge jedes Lied, das wir singen, alle menschlichen Herzen vereinen.

Möge jeder Augenblick, den wir in Meditation verbringen, dieser Welt Einheit und Frieden bringen!
- *Rajinder*

26. April
Gott ist überall. Wenn du erfährst, daß jemand unglücklich ist oder in Not, geh hin und hilf ihm. Wenn andere hungrig oder durstig sind, teile, was immer du hast. Diene Seinen Kindern, denn es ist Sein Wille.
- *Kirpal*

27. April
Die Heiligen und vollendeten Meister verkörpern die höchste Form der Liebe, denn sie sind der Kanal, durch den Gott in dieser Welt wirkt.
- *Darshan*

28. April
Für unseren geistigen Fortschritt sollten wir unser Leben straff ausrichten und sorgfältig ordnen. Eine Sache zu einer Zeit, und das mit ungeteilter Aufmerksamkeit und Hingabe. So hält man sein Haus in Ordnung. Ein gütiger Gedanke wird die Güte der ganzen Schöpfung anziehen, und im Gegensatz dazu ruft ein verwerflicher Gedanke einen Teufelskreis hervor, weil man damit alles Übel im All anerkennt. Ein Mango-Setzling wird die ganze Süße des Bodens aufsaugen, während ein Pfefferkorn, das ein Stück daneben gesät wurde, all seine Schärfe anziehen wird. Beide Pflanzen werden auf dem gleichen Boden gedeihen, doch mit unterschiedlichen Elementen der Mutter Natur. Die eine ist voller Süße, die andere voller Schärfe. Das ist das ewige Gesetz.
- *Kirpal*

29. April
Es gibt nur einen Gott, es gibt eine Erde, und in jedem Menschen und in jedem lebendigen Wesen befindet sich dieselbe Seele.
Wenn wir uns alle unter dem Himmelsgewölbe und auf der gesegneten Erde zusammenschlössen und die wunderbaren Geschenke Gottes teilten, würden wir den Frieden und die Liebe finden, worum wir alle beten. Welch ein geschützter Ort wäre diese Welt, wenn wir uns gegenseitig liebevoll behandelten. Könnten wir nur in unserem eigenen Leben damit beginnen, würden wir das Rad des Friedens in Gang setzen.
   - *Rajinder*

30. April
Frieden ist immer ein Nebenprodukt der Liebe.
Gott ist Liebe. Unsere Seele, die vom selben Wesen ist wie Gott, ist Liebe. Und der Weg zu Gott zurück ist ebenfalls Liebe.
So ist Friede auch ein Nebenprodukt der Liebe.
   - *Darshan*

1. Mai
Der Mensch besteht aus Körper, Geist und Seele. Wir sind sehr darauf bedacht, Körper und Verstand zu entwickeln, verstehen aber sehr wenig von unserer Seele, obgleich sie die eigentliche Kraft ist, die uns erhält und überwacht.
Sinnesfreuden sind nicht von Dauer. Dem Körper und Verstand sind Grenzen gesetzt, die wir nicht übersehen dürfen. Deshalb müssen wir nach der immerwährenden

Quelle der Freude und des Friedens in uns selbst suchen. Selbstanalyse ist der erste Schritt in diese Richtung.
   - Kirpal

2. Mai
Unser Vater ist Liebe, und wir sind kleine Tropfen aus diesem Meer der Liebe. Die gewaltige Maschinerie des Universums wird durch das ewige Prinzip der Liebe betrieben.
Darum trachte danach, mit diesem Prinzip in Harmonie zu kommen.
   - Hazur

3. Mai
Kommt alle, seid in Liebe vereint. Je größer die Prüfung, um so verbundener sollten wir sein. Gemeinsam können wir die Mordgier der Zeit überwinden und lernen, die Fackel der Liebe in allen zu zünden. Schließen wir uns alle im Namen Gottes zusammen, und retten wir die Menschheit vor dem spirituellen Zerfall.
   - Darshan

4. Mai
Bücher zu lesen ist gut. Der Zweck des Lebens ist jedoch, sein Leben so umzuformen, daß das Gute, über das man liest, ein Teil unseres Lebens wird.
   - Kirpal

5. Mai
Wir wurden nicht in dieses Leben gesetzt, um uns gegenseitig zu vernichten. Jeder von uns verfolgt mit diesem menschlichen Leben ein bestimmtes Ziel.
Wir haben alle die besondere Gelegenheit erhalten, uns selbst und Gott zu erkennen.
    - Rajinder

6. Mai
Liebe verschönt alles, und wenn wir lernen, jedermann zu lieben, können alle unsere Unvollkommenheiten beseitigt werden, besonders durch liebevolle, freundliche Worte. Freundliche Worte, bescheiden vorgebracht, kosten nichts.
Wenn wir eine solche Haltung im Leben einnehmen, können wir neunzig Prozent unserer Sorgen vermeiden. Wir werden dann unsere Angewohnheit, andere zu beurteilen aufgeben und beginnen, ihre Schwächen und Unzulänglichkeiten zu übersehen oder ihnen konstruktive Hilfe zu leisten.
So werden wir viel Sonnenschein und Glück bringen, sowohl für uns selbst, als auch für diejenigen, die um uns sind.
    - Kirpal

7. Mai
In Wirklichkeit gibt es nur eine einzige wahre Sprache, und das ist die Sprache der Liebe. Wenn die Liebe von den Augen eines Heiligen in die Augen eines Suchers strömt, bedeutet das eine Zeit der Glückseligkeit, eine Zeit des wahren Verstehens.

Wenn wir einem solchen Heiligen mit ganzem Herzen und voller Aufmerksamkeit zuhören, dann werden wir feststellen, daß diese gesegneten Stunden am meisten Freude bringen.
   - *Darshan*

8. Mai
Wir sind sehr begünstigt, daß wir in dieser Zeit an der Schwelle eines spirituellen Zeitalters stehen. Das Leuchten der Morgendämmerung dieses spirituellen Zeitalters wird täglich heller.
   - *Rajinder*

9. Mai
Liebe ist das Heilmittel für die meisten Krankheiten der Welt. Sie ist der Kern aller Tugenden. Wo Liebe ist, ist Friede. „Liebt, und alles andere wird euch hinzugegeben", ist die zentrale Botschaft der Lehren Christi.
   - *Kirpal*

10. Mai
Der Mensch hat eine spirituelle Seite, und er hat eine intellektuelle und physische Seite. Wenn wir eine harmonische Verbindung all dieser Seiten erreichen, wenn wir eine voll integrierte Persönlichkeit sind, dann haben wir unser Potential voll verwirklicht. Dann wird die innere Energie, die ich auch Seelenenergie genannt habe, freigesetzt. Das bringt den größten Nutzen, uns selbst und der Welt um uns herum.
   - *Darshan*

11. Mai
Der Körper besteht aus den fünf Elementen Luft, Wasser, Erde, Feuer und Äther.
Aber wenn der Tod kommt, wird der Körper vergehen, die Luft vermischt sich dann mit der Luft, das Wasser mit dem Wasser, die Erde mit der Erde, das Feuer mit dem Feuer und der Äther mit dem Äther.
  - *Hazur*

12. Mai
Stilles Leiden kräftigt den Charakter und findet seinen Ausgleich. Wenn Gott aus einem Menschenleben ein Gedicht machen will, schickt Er den Menschen in die Schule der Entbehrungen, der Qualen und Schwierigkeiten - und während der ganzen Zeit hält Er Seine schützende Hand über ihn, damit dieser unbeschädigt durchkommt.
  - *Kirpal*

13. Mai
Wenn wir im Meer der Allbewußtheit aufgehen, werden wir frei von Karma. Wir sind dann nicht länger an die Gesetze gebunden, die das Rad des Lebens und Todes bestimmen. Wie der Vogel Phönix betreten wir dann die Welt und verlassen sie wieder, ganz nach unserem eigenen Willen.
  - *Rajinder*

14. Mai
Wißt ihr, was Liebe bedeutet? Liebe ist nicht nur eine körperliche Anziehung, sondern bedeutet, sich um je-

manden wirklich zu kümmern. Die wahre göttliche Liebe, jemanden wirklich zu lieben, bedeutet, sich um den Menschen zu kümmern. Und sich um jemanden zu kümmern, heißt auch, ihm das Leben nicht schwer zu machen.
- *Rajinder*

15. Mai
Je mehr man besonnen, ohne zu prahlen und liebevoll und bescheiden in einer fröhlichen, eifrigen und spirituellen Art und Weise dient, desto mehr wird sich Gott an uns erfreuen.
- *Kirpal*

16. Mai
Politiker in aller Welt benutzen die Taube oft als Symbol des Friedens. Doch solange unsere Herzen nicht rein sind, solange wir nicht das Licht Gottes in jedem Mann, in jeder Frau, in jedem Kind, in jedem Geschöpf sehen, solange wird Frieden nur ein Wort bleiben.
- *Darshan*

17. Mai
Wir sind alle Kinder Gottes. Die Aufgabe eines kompetenten Meisters ist es, uns mit Mitgefühl und Barmherzigkeit zu lehren. Welche Kraft in ihm erzeugt dieses Mitgefühl und diese Liebe? Es ist die Gotteskraft, die ihn dazu bringt, alle zu lieben. Er ist verkörperte Liebe, lehrt Liebe und verbreitet Schwingungen der Liebe. Durch seine Liebe wächst auch in uns die Liebe.
- *Kirpal*

18. Mai
Liebe und Mitgefühl sind die Mächte, die schlafende Herzen erwecken können. Ohne Liebe ist das Leben nicht lebenswert. Alle Wesen, jung und alt, sehnen sich nach Liebe. Sie verleiht dem Leben Frohsinn, Begeisterung und Anmut.
  - *Rajinder*

19. Mai
Man muß vergeben und vergessen, in Gedanken, Worten und Taten, und das muß immer mehr zu einem Teil unseres täglichen Lebens werden.
Liebe kennt keine Kritik, keine Falschheit, keine Prahlerei, kein Nachdenken über die Unzulänglichkeiten anderer, sondern wirkt auf positive Weise, um alle in einer harmonischen Gemeinschaft zusammenzuführen.
Liebe verschönt alles.
  - *Kirpal*

20. Mai
Große Taten der Nächstenliebe verleiten uns manchmal nur zu noch mehr Stolz. Wohltätigkeit kann hilfreich sein, doch dabei darf die rechte Hand nicht wissen, was die linke tut. Aber wenn wir zehn Rupien spenden, verkünden wir es in den Zeitungen. Solche Spenden können uns nur schaden. Wir dürfen es andere nicht wissen lassen, und allein dadurch werden Herz und Seele gereinigt.
  - *Hazur*

21. Mai
Die Heiligen haben mit Nachdruck betont, daß es notwendig ist, ein ethisches Leben zu führen, um den Bo-

den zu bereiten und unseren Fortschritt auf dem Pfad zu beschleunigen.

Ein ethisches Leben sichert uns die Grundlage, um auf dem spirituellen Pfad voranzukommen. Ein wesentlicher Bestandteil des ethischen Lebens ist, Bescheidenheit und Demut zu entwickeln. Demut als erstes, Demut als zweites und Demut als letztes. Dies kann der Schlüssel zum Erfolg in unserem Leben sein.

Solange wir uns nicht von unserem Ego und unserem Egotismus befreien, solange werden wir auch nicht unsere Spannungen loswerden.

- *Darshan*

22. Mai

Der spirituelle Pfad ist gewiß nicht leicht, aber wenn wir die Liebe zur Basis unseres Lebens machen, kann nichts einfacher und sicherer sein.

Jesus hat niemals den Frieden und den Trost versprochen, den die Welt kennt. Es war das Kreuz, das er angetragen hat. Wir müssen leiden, um uns umzuformen, müssen das Alte vernichten und das Neue schmieden.

- *Kirpal*

23. Mai

Es wird Zeit, dem Feuer des Hasses und der Gewalt Einhalt zu gebieten, und das können wir vollbringen, indem wir es zunächst in uns selbst zum Erlöschen bringen. Bevor wir die Welt heilen können, müssen wir zuerst uns selbst heilen. Bevor wir der Welt dauerhaften Frieden bringen können, müssen wir erst Frieden in uns selbst erreichen. Durch Meditation können wir diesen Zustand des Friedens erlangen.

- *Rajinder*

24. Mai
Wir verlieren nie etwas, wenn wir geben. Ist vielleicht weniger Liebe im Herzen, wenn wir Liebe geben? - Im Gegenteil, wir werden uns einer immer größeren Kraft der Liebe bewußt. Doch keiner wird davon wirklich überzeugt sein, bis er das nicht selbst in der Praxis erlebt hat. Ein Gramm Praxis ist mehr wert, als Tonnen von Theorien.
 - Kirpal

25. Mai
Die Heiligen kommen nicht, um dieser oder jener Religion zu dienen, sondern der ganzen Menschheit.
 - Darshan

26. Mai
Wer Ärger, Habsucht, Lust, Verhaftung und Ego aufgibt und sich Gott widmet, überquert das Meer des Lebens und schafft die Möglichkeit für seine Freunde, Verwandten und Familienmitglieder, es ebenfalls zu überqueren.
 - Hazur

27. Mai
Der spirituelle Pfad ist gerade, schmal und schwierig - sehr schwierig und anspruchsvoll. Doch wer ein wahrhaftiges Leben führt, dem wird jede Hilfe zugesagt, damit er sein Ziel erreicht.
 - Kirpal

28. Mai
Alle großen Heiligen und Meister lehrten die Religion des Menschen. Sie lehrten uns, die Schranken von Rasse, Hautfarbe, Glauben und Nationalität niederzureißen.

Sie lehrten uns, Liebe und Mitleid für die ganze Menschheit und für die ganze Schöpfung zu empfinden.
Gelingt es uns, diese Liebe zu entwickeln, werden uns auch alle anderen göttlichen Eigenschaften zur rechten Zeit gegeben werden.
- *Darshan*

29. Mai
Alle Bemühungen eines Suchers, sein persönliches Ich auszulöschen, gehen in die rechte Richtung, weil die Überwindung des Egos das einzige Mittel ist, vom endlosen Kreislauf der Geburten und Tode frei zu werden.
- *Kirpal*

30. Mai
Erst wenn wir verstehen, daß wir nicht der Körper und das Gemüt sind, sehnt sich unsere Seele danach, in ihre wahre Heimat zurückzukehren, und sie findet keinen Frieden, bis sie mit ihrem Schöpfer wieder vereint ist.
Wir mögen Frieden des Gemüts erlangen, wir mögen auch Frieden des Herzens finden, aber der Frieden der Seele tritt erst dann ein, wenn sich unsere Seele mit Gott verbindet.
- *Rajinder*

31. Mai
An Gott zu denken, ist unsere wichtigste Aufgabe, damit wir den Weg zu Ihm finden. Der Zweck aller frommen Übungen, Stätten der Verehrung und Pilgerfahrten ist derselbe - nämlich Gott zu finden.
Der menschliche Körper ist der wahre Tempel Gottes.
- *Kirpal*

1. Juni
Das Schlimme an uns ist, daß wir ständig versuchen, andere schlecht zu machen. Wir verbringen unsere ganze Zeit damit, die Fehler anderer zu finden, aber wir nehmen uns nicht einmal eine Minute Zeit, uns selbst ins Herz zu schauen und unsere eigenen Charakterfehler zu finden.
Schon Christus sagte: „Was siehst du aber den Splitter in deines Bruders Auge, und wirst nicht gewahr des Balkens in deinem Auge".
   - *Darshan*

2. Juni
Tue deine Pflicht und erwarte nichts - überlasse alles dem Schöpfer.
   - *Hazur*

3. Juni
Du solltest immer annehmen, was auf dich zukommt - ohne darum zu bitten -, denn darin liegt dein Vorteil. Arbeit ist Gottesdienst. Sei geduldig und erfülle sorgfältig die dir anvertrauten Pflichten, denn dann wirst du Seine Gnade erfahren.
   - *Kirpal*

4. Juni
Um auf unserer spirituellen Reise innen voranzukommen, müssen wir Ärger, Lust, Habsucht, Verhaftung und Ego überwinden. Dies sind die fünf Eigenschaften, durch die die Reinheit der Seele befleckt wird.
Um diese fünf negativen Eigenschaften zu überwinden,

sollten wir ein Tagebuch führen, und jeden Abend, bevor wir zu Bett gehen, sollten wir uns die Ereignisse des Tages ins Gedächtnis zurückrufen und die Anzahl unserer Fehler eintragen.
So erhalten wir ein realistisches Bild der Verschmutzung unserer Seele, und wir können uns entscheiden, es am nächsten Tag besser zu machen.
- *Rajinder*

5. Juni
Wir sollten nur Worte äußern, die das Herz der Zuhörer beruhigen, ihren Geist veredeln und erheben, Worte, die in ihr wahres Wesen dringen und ihnen helfen, sich selbst und Gott zu erkennen.
Wenn unser Herz vor Liebe zu Gott überströmt und wir der ganzen Schöpfung Liebe und Mitgefühl entgegenbringen, dann wird alles, was wir sagen, voller Liebe sein.
- *Darshan*

6. Juni
Wir können Gott nicht durch Schönreden oder leere Phrasen gewinnen, und Er hat auch keinen Gewinn oder Verlust dadurch, daß wir beten oder nicht. Da Er aber voller Erbarmen ist, wirkt seine Gnade immer, in allen gleichermaßen, denn ohne sie könnten wir gar nicht bestehen.
Wir können diese Gnade jedoch zu unserer Hilfe heranziehen, wenn wir zu einem aufnahmebereiten Gefäß werden.
- *Kirpal*

7. Juni
Es gibt nur einen Weg, um rein zu werden: Wir müssen unser beflecktes Gesicht dem „göttlichen Kosmetiker", dem lebenden Meister, zeigen. Er ist voller Erbarmen. Er wird Mitleid mit uns haben und helfen, unsere Schandflecken auszumerzen.
Die Gegenwart eines lebenden Meisters ist wie die Behandlung in einer Schönheitsklinik. Wir besuchen einen Schönheitssalon, um unsere körperlichen Makel beseitigen zu lassen, und wir gehen zum göttlichen Schönheitspfleger, damit er die dunklen Male unserer Sünden entfernt. Er hat seine eigenen besonderen Techniken, seine eigenen besonderen Schönheitsmittel. Er behandelt uns mit dem Schönheitswasser göttlicher Liebe und beseitigt damit die Makel unserer Sünden und unserer schlechten Gedanken.
 - *Darshan*

8. Juni
Das Geheimnis des selbstlosen Dienens besteht darin, auf jede Belohnung oder Anerkennung zu verzichten und sich statt dessen als ein bescheidenes Werkzeug zu betrachten, in den Händen Gottes, der alles beschützt und erhält.
 - *Kirpal*

9. Juni
Beginnen wir mit der Vision einer zweiten Renaissance auf Erden - einer Zeit der Erneuerung und Erleuchtung, in der edle menschliche Werte jedes Herz erhellen.
Es ist an der Zeit, anstatt der Schreie des Hungers und des Leidens durch Terror das Lachen jedes einzelnen Kindes auf diesem Planeten zu hören.

Es ist an der Zeit, daß Familien ihre Bestimmung in Frieden und Freude leben, anstatt durch Krieg und Gewalt auseinander gerissen zu werden.
Es ist an der Zeit, anstatt des erstickenden Gestanks der Umweltverschmutzung den Duft der Blumen in der Luft zu riechen.
Es ist an der Zeit, zu sehen, wie Menschen aller Nationen, Hautfarben und Religionen sich umarmen, im Bewußtsein ihrer Einheit, aber dennoch unter Wahrung ihrer Unterschiede.
Die Zeit dieser Erneuerung ist jetzt. Ergreifen wir den Augenblick - um unserer Kinder, unseres Planeten und unserer Seele willen!
   - Rajinder

10. Juni
Wir müssen uns selbst ändern, bevor wir andere ändern können, aber leider sind wir immer darauf bedacht, die anderen umzuwandeln.
Wir sollten uns selbst überprüfen, und so alle Unzulänglichkeiten, eine nach der anderen, ausräumen, was überall Frieden bringen wird.
Liebe verschönt alles, und wenn wir lernen, jeden zu lieben, können alle unsere Mängel beseitigt werden.
   - Kirpal

11. Juni
Hört nicht auf die, die den Untergang prophezeien. Wahre vollendete Meister sind Propheten der Hoffnung, und wir sollten diese Hoffnung in diesem Leben verwirklichen.
   - Darshan

12. Juni
Die feinstoffliche Form Gottes wacht immer über uns. Wir mögen uns fragen, warum uns Gott dann durch diese Form nicht davor bewahrt, Sünden zu begehen und uns hilft, den Versuchungen zu widerstehen.
Er hilft uns schon, jedoch nur dann, wenn wir ehrlich und aus tiefstem Herzen den Versuchungen widerstehen wollen. Aber er hilft uns nicht, wenn wir uns insgeheim danach sehnen, unsere Sünden zu genießen und nur nach außen hin um Hilfe bitten.
   - Hazur

13. Juni
Wir sollten wahre Demut und Bescheidenheit anstreben, was uns weder unterwürfig noch rechthaberisch macht; und dann führen wir ein gottgefälliges Leben und werden empfänglich für die über uns wirkende Gotteskraft. Wenn wir demütig und bescheiden leben, werden wir Frieden im Gemüt haben.
   - Kirpal

14. Juni
Trotz des wissenschaftlichen Fortschritts und unserer wunderbaren materiellen Errungenschaften ist der Mensch von heute unglücklicher denn je zuvor.
Aber solange wir uns nicht geistig entwickeln, kann unser Gemüt nicht zur Ruhe kommen. Solange es nicht zur Ruhe kommt, kann es nicht von den Spannungen und Nöten, die seelischen Druck und Streß bewirken, frei werden.

Heilige und Seher haben seit Beginn der Geschichte die Notwendigkeit betont, immer mehr Bewußtsein zu entwickeln, bis hin zum kosmischen Bewußtsein. Kosmisches Bewußtsein können wir nur entwickeln, wenn wir uns mit ungeteilter Aufmerksamkeit am Augenbrennpunkt konzentrieren können.
- *Darshan*

15. Juni
Indem wir die inneren Reiche erkunden, lernen wir, was nach dem Tod geschieht. Die spirituelle Reise beginnt gerade da, wo die Nah-Tod-Erfahrungen enden.
Wir entdecken Schönheit, Liebe und ewigen Frieden in uns selbst. Wenn wir einmal diese höhere Wirklichkeit sehen, erkennen wir diese Welt als ein nur vorübergehendes Zuhause. Wenn wir lernen, unsere Seele durch spirituelle Meditation vom Körper zu lösen, verlieren wir die Furcht vor dem Tod. So wissen wir, daß uns höhere Reiche erwarten und daß der Tod nicht das Ende unserer Existenz ist.
- *Rajinder*

16. Juni
Gütige Herzen sind die Gärten.
Gütige Gedanken sind die Wurzeln.
Gütige Worte sind die Blüten.
Gütige Taten sind die Früchte.
- *Kirpal*

17. Juni
Wir sind alle in der Täuschung verloren. Wir sind alle in der Welt des Gemüts und der Materie verloren.
Aber einer, der das Mysterium des Lebens und des Todes gelöst hat, der sein Gemüt kontrolliert und sich über die Bereiche von Gemüt und Materie erhoben hat, kann uns mit spirituellem Leben erfüllen. Er kann uns spirituell erwecken. Und er kann uns helfen, uns selbst und Gott zu erkennen.
Der große persische Dichter Bhai Nand Lal Goya sagte einmal, daß ein vollkommener Meister unser Herz und unsere Seele heilt. Diese Heilung erfolgt von Herz zu Herz und von Seele zu Seele. Ein wahrer Meister erfüllt uns mit dem göttlichen Lebensimpuls.
  - *Darshan*

18. Juni
Wahre Meister lösen keine Religionsgemeinschaften auf, noch führen sie neue ein. Wenn sie kommen, kommen sie für die ganze Welt. Sie betrachten alle Menschen als gleich und möchten, daß wir das Mysterium des menschlichen Körpers enträtseln. Groß ist der Mensch. Er lebt in diesem Körper, und Gott wacht über ihm. Im Mikrokosmos des Körpers liegt der Makrokosmos. Wir wissen so viel über die äußeren Dinge, aber aus Mangel an praktisch erfahrenen Menschen wissen wir wenig oder nichts über uns selbst, über die große Gunst und den Segen, den wir mit dem menschlichen Körper, dieser unschätzbaren Gelegenheit, erhalten haben.
  - *Kirpal*

19. Juni
Liebe ist das magische Wort, das jede Tür öffnet.
Wenn wir nichts für uns selbst wollen, sondern mit aufrichtiger Hingabe dienen, kann uns kein Hindernis im Weg stehen.
- *Darshan*

20. Juni
Meditation hilft uns, inneren Frieden zu erlangen.
Wenn unsere Seele mit dem inneren Licht in Verbindung kommt, werden wir von vollständiger Ruhe und Zufriedenheit erfüllt.
Wir sind dann mit uns selbst in Frieden und sorgen uns nicht um die Probleme um uns herum.
Dieser Frieden strahlt auf alle aus, die mit uns in Verbindung kommen. So werden wir eine Quelle der Freude und Inspiration für andere, sei es für unsere Familienmitglieder, unsere Freunde und Verwandten, unsere Mitarbeiter, unsere Gesellschaft oder die ganze Welt.
- *Rajinder*

21. Juni
Go Jolly - seid fröhlich!
Seid gut - tut Gutes - seid eins !
- *Kirpal*

22. Juni
Gott ist der Herr und Meister, der Spender von Leben und Tod, der in uns wohnt, uns in viele Lebensformen kleidet und uns in dieser Welt verstrickt.
In unserem Innern befinden sich Millionen Meere, unzählbare Freuden und unaussprechliche Glückseligkeit. Leider wissen die Menschen nicht, was sie in sich haben!
Wer Gott im Äußeren sucht, vergeudet seine Zeit. Denn Er wurde noch nie in der äußeren Welt gefunden, noch wird dies jemals der Fall sein. Was hat schon die äußere Welt zu bieten? - Papier, Wasser und Steine! Und so etwas verehren die Menschen! Der Meister sagt, Leben und Tod zu geben, liegt allein in den Händen Gottes.
- *Hazur*

23. Juni
Die Menschen beschränken sich auf die äußere Welt und bekämpfen sich im Namen der Religionen zu Tode.
- *Hazur*

24. Juni
Ich möchte die Saaten der Liebe in eure Herzen legen, damit die Liebe allen gebracht wird, allen Völkern, Glaubensrichtungen, Gemeinschaften und sozialen Ständen der ganzen Welt.
Alle Heiligen verkünden dasselbe: „Liebt, und alles wird euch dazugegeben."
- *Kirpal*

25. Juni
Gott ist Liebe, und allein durch Liebe können wir Ihn erreichen. Liebe kommt aus dem Herzen, und in der Liebe liegt das Geheimnis allen Lebens.
   - *Kirpal*

26. Juni
Wenn wir uns ehrlich prüfen und uns so beurteilen wie die andern, werden wir unsere Fehler erkennen und verbessern.
Unsere Fehler zu erkennen, bedeutet nicht, uns selbst zu geißeln oder zu züchtigen, bedeutet nicht, über Fehler nachzugrübeln und uns Sorgen zu machen. Wir müssen nur die Fehler erkennen und uns dazu entschließen, sie zu ändern, und dadurch beginnen, uns zu verbessern. Sich Sorgen zu machen, zu grübeln und sich schuldig zu fühlen, hilft uns nicht weiter.
   - *Rajinder*

27. Juni
Gedanken sind mächtiger als Worte und stärker als Handlungen. Wir mögen ein ganzes Leben lang meditieren, aber wenn wir nicht Reinheit und Vergebung praktizieren, wird uns das nicht nützen. Reinheit und Vergebung sind die beiden wichtigsten und edelsten Tugenden.
   - *Kirpal*

28. Juni
Wer nie von den Früchten der Spiritualität gekostet hat, weiß nicht, wie sie schmecken.
Spiritualität ist kein Geschäft, sondern ein Pfad des Vertrauens und beständiger Ergebenheit. Ihre eigentliche Grundlage ist jedoch die Liebe. Es ist ein ständiges Streben, eine ständige Ruhelosigkeit im Herzen. Sobald ein Mensch nur ein wenig von dieser göttlichen Liebe gekostet hat, wünscht er sich sehnlichst mehr - so süß ist sie. Von dieser Liebe kann man natürlich nie genug bekommen. Soviel wir auch haben, wir wollen immer mehr. Wir können nie zufrieden sein, bis wir unsere ewige Heimat erreichen und danach vollkommen eins mit unserem Geliebten werden.
 - *Darshan*

29. Juni
Sündigen ist menschlich, aber in der Sünde zu verharren ist teuflisch. Ohne Zweifel fällt man oft; aber ein guter Reiter wird man eben nur nach vielen Stürzen. Legt euch aber nicht hin und bleibt nicht, wo ihr gestürzt seid, das wäre schlecht. Im Koran steht, daß Gott niemanden ändern wird, der nicht daran denkt, sich selbst zu ändern. Wo ein Wille ist, da ist ein Weg. Haltet immer euer Ziel vor Augen, und arbeitet darauf hin, dann werdet ihr sicher Erfolg haben.
 - *Kirpal*

30. Juni
Entschließen wir uns doch, die Eigenschaft der Wahrhaftigkeit zu entwickeln! Seien wir in all unseren Handlun-

gen ehrlich! Befreien wir uns von Täuschung und Heuchelei! Verdienen wir unseren Lebensunterhalt ehrlich! Und seien wir ehrlich zu uns selbst!
Wir sollten unseren wahren Zustand ehrlich beurteilen, damit wir die erforderlichen Verbesserungen machen können.
Wenn wir Wahrhaftigkeit entwickeln können, werden wir feststellen, daß unser innerer Fortschritt sprunghaft vorangeht, und wir werden unser Ziel schneller erreichen.
  - *Rajinder*

1. Juli
Liebe kennt nur selbstloses Dienen, Opfern und Selbsthingabe.
Wer sich spirituell entwickeln will, sollte nicht um der Anerkennung willen dienen. Selbstloser Dienst ist ein großer Lohn in sich.
  - *Kirpal*

2. Juli
Reichtum und Armut hängen von den entsprechenden Wünschen ab. Wer keine Wünsche hat, ist reich - und der sogenannte Reiche ist arm, wenn seine Wünsche nicht erfüllt werden. Wer überhaupt nichts wünscht, der ist wahrhaft unabhängig.
  - *Hazur*

3. Juli
Kinder sind dem Schöpfer und Seiner Schöpfung näher. Kinder sind wie kleine Wasserbecken, in denen sich Gottes Eigenschaften klar, kühl und erfrischend widerspiegeln.
In Kindern bekommt man eine Ahnung Seines Bildes, dem Bild, nach dem der Mensch erschaffen wurde. Sie sind gerne aus den göttlichen Regionen gekommen und offenbaren Seine Ausstrahlung in ihren Gesichtern. Kinder sind Wegweiser, die uns an unsere himmlische Heimat erinnern. Wir müssen viel von ihnen lernen, viel von dem, was wir selbst vergessen und verloren haben.
　- Darshan

4. Juli
Wir müssen uns ständig daran erinnern, daß unser Ziel Gott ist und dürfen uns nicht mit irgendwelchen Dingen befassen, die uns Ihn vergessen lassen.
Unser ganzes Leben sollte auf Liebe und Demut aufgebaut sein, die beide unzertrennlich sind. Wenn wir spirituell vorankommen, sollten wir uns vor Hochmut schützen. Anstatt auf unsere Mitmenschen herabzublicken, sollten wir Gott für Seine Gnade danken und es dadurch vergelten, daß wir unseren Brüdern und Schwestern materiell und spirituell helfen.
Wenn aber manche die Wahrheit nicht verstehen können oder wollen, dürfen wir ihnen gegenüber nicht verärgert sein, denn auch sie sind Kinder Gottes wie wir, und wir können sie nur durch Liebe und Überzeugungskraft gewinnen.
　- Kirpal

5. Juli
Das Geheimnis des Erfolgs auf dem spirituellen Weg ist Praxis, mehr Praxis und noch mehr Praxis.
   - *Kirpal*

6. Juli
Wenn wir möchten, daß Gott in unserem Herzen wohnt, müssen wir unser Ich durch Du, durch Gott, ersetzen. Hazur Baba Sawan Singh erklärte sehr schön, daß Gott dann, wenn wir in der Meditation die Tür blockieren und davor stehen, nicht eintreten kann. Wenn wir jedoch einen Schritt zur Seite gehen und auf Gottes Ankunft warten, wird Er eintreten. Er wird uns mit Seiner Liebe, Seinem Licht und Seiner Musik erfüllen.
   - *Rajinder*

7. Juli
Kinder sind unkompliziert, sind rein - und wie sie staunen können! Und sie haben eine bewundernswerte Art, auf Liebe zu reagieren! Dadurch sind sie für alle liebenswert. Sie verkörpern Liebe, sind von Liebe erfüllt, und wer ihnen die Hand reicht, gerät in ihren Bann.
Kindheit und Jugend sind in unserem Gedächtnis verblaßt. Wir müssen wieder auf unsere Kinder schauen, in denen ein nie versiegender Quell der Inspiration, des Staunens und der Göttlichkeit darauf wartet, geöffnet zu werden.
   - *Darshan*

8. Juli
Der höchste Dienst, den man in dieser Welt tun kann ist, den Menschen zu helfen, den Weg in ihre wahre, ewige Heimat zu betreten. Kein finanzielles Opfer wäre zu groß, eine solch erhabene Aufgabe zu unterstützen. Aber es sollte immer aus Liebe und von innen heraus geschehen und nicht aus Berechnung, oder weil man sich gezwungen fühlt. Wenn wir geistig auf der Suche sind, müssen wir nur lernen zu lieben - alles andere ergibt sich dann von selbst.
  - *Kirpal*

9. Juli
Das Gemüt ist schon seltsam - es erledigt mit Freuden alle äußeren Arbeiten, ohne zu ermüden. Aber in dem Augenblick, wo es sich den spirituellen Übungen widmen soll - nämlich still zu sein und sich nach innen zu wenden -, wird es alle möglichen Ausreden suchen, wie 'ich brauche Schlaf, weil ich heute so viel gearbeitet habe' oder 'mein Magen ist so voll' oder 'das Wetter ist zu schlecht' und vieles andere mehr.
Hätte man jedoch echtes Verlangen und den wahrhaftigen Willen, wirklich voranzukommen, wäre der innere Fortschritt ohne Unterbrechung gewährleistet.
Wer bei der Meditation leicht schläfrig wird, ist gewöhnlich mit halbem Herzen bei der Sache, und tut es eher aus Routine und ohne intensives Verlangen.
  - *Hazur*

10. Juli
Die Wechselfälle des Lebens kommen und gehen, und auch das Schlimmste geht vorüber. Wir sollten aber immer das Positive sehen. Durch widrige Umstände können wir viel Wichtiges lernen, was uns wirklich hilft.
  - *Kirpal*

11. Juli
Die Ernährung ist ein wichtiger Aspekt des spirituellen Lebens. Auf dem Pfad der Gewaltlosigkeit und der Liebe für die gesamte Schöpfung ist es von großem Vorteil, wenn wir eine rein vegetarische Ernährung einhalten. Befolgen wir dies, bringen wir nicht nur den jüngeren Mitgliedern der Schöpfung Gottes, den Tieren und unseren Mitmenschen Mitgefühl entgegen, sondern helfen gleichzeitig unserem eigenen Selbst.
  - *Darshan*

12. Juli
Gott ist Geist, ist Liebe, der Ursprung aller Dinge, und Er wohnt in jedem Herzen. Deshalb sollten wir die ganze Menschheit lieben.
Wenn wir diejenigen, die wir sehen, nicht lieben können, wie können wir dann Gott lieben, den wir nicht sehen?
  - *Kirpal*

13. Juli
Die Welt sollte ein Garten Eden und ein Hafen der Glückseligkeit sein. Um solch ein Paradies auf Erden zu erlangen, muß jeder einzelne seinen Beitrag leisten. Frieden und Einheit beginnt bei jedem von uns. Wir können nicht erwarten, daß andere Harmonie und Einheit ausstrahlen, wenn wir selbst nicht bereit sind, diese Eigenschaften in unserem Leben zu entfalten.
Jeder von uns muß seinen kleinen Teil zur Erfüllung dieses edlen Traumes beitragen. Wir können diesen Zustand durch Meditation erlangen, die zu Selbsterkenntnis und Gotterkenntnis führt.
  - *Rajinder*

14. Juli
An jedem Tag unterlaufen uns viele Fehler in der ethischen Lebensführung. Wir sollten darauf achten, Gewaltlosigkeit, Wahrhaftigkeit, Reinheit, Demut, Bescheidenheit und selbstlosen Dienst zu üben, sowie eine rein vegetarische Ernährung einzuhalten und Rauschmittel und Alkohol zu vermeiden. Wenn wir unsere täglichen Fehler in diesen Bereichen zählen, für jeden Fehler mit einem Stift einen Punkt in unser Gesicht malen und dann in den Spiegel schauen, sehen wir das Gesicht, das wir Gott zeigen, wenn wir Ihm begegnen werden.
  - *Darshan*

15. Juli
Meditation ist eine Sache der Liebe und Ergebenheit, dafür gedacht, das Gefäß der Seele von allem inneren Schmutz und Unrat zu säubern.
Unfreundliche Gedanken, Trachten nach Vergeltung, Stolz auf Bildung und Wissen, versteckte Zweifel und

Mißtrauen Gott gegenüber und mangelnder Glaube an Ihn sind einige der gewaltigen Barrieren, die uns im Weg stehen. Sie hindern Seine Gnade und Gunst daran hereinzuströmen.
Wenn die Meditation genau und regelmäßig ausgeführt wird und man ihr mit Liebe und Hingabe eine angemessene Zeit widmet, bringt sie viele gute Ergebnisse.
- *Kirpal*

16. Juli
Wenn das Gemüt neue Ideen produziert oder neue Erfindungen macht, um die Welt zu ändern und zu verbessern, glaubt es, der Handelnde zu sein.
Es hat völlig vergessen, daß die Farben der Palette, die es zum Malen benutzt, von Gott selbst erschaffen wurden. Es vergißt, daß die Noten der Tonreihe, mit denen es Lieder komponiert, von Gott selbst geschaffen wurden. Es vergißt, daß das wunderbare Gehirn, mit dem es mit der Welt kommuniziert, ebenfalls eine Schöpfung Gottes ist. Wir sind so voller Stolz auf das, was wir wissen, wieviel wir wissen, wie erfinderisch wir sind, daß wir vergessen haben, daß die Werkzeuge, die wir benutzen, von Gott geschaffen wurden.
- *Rajinder*

17. Juli
Spiritualität ist das höchste Ziel im menschlichen Leben, und es ist auch das schwierigste. Nur wer wirklich auf der Suche nach der Wahrheit ist, sollte es wagen, diesen Pfad zu betreten.
- *Kirpal*

18. Juli
Fortschritt und Unabhängigkeit sind eine gute Sache, und wir müssen uns um den größtmöglichen Fortschritt in Technologie und Wissenschaft bemühen. Aber wir dürfen uns dabei nicht vor unseren Mitmenschen verschließen.
Wenn wir das tun, verfehlen wir den Zweck, für den wir erschaffen wurden: Liebe und Mitgefühl zu haben, das Wohl und Leid der ganzen Menschheit und der ganzen Schöpfung zu teilen. Doch leider hat unsere Unabhängigkeit ein solches Ausmaß erreicht, daß anscheinend keiner seine Mitmenschen kennt oder sich um sie kümmert. Und so haben wir natürlich die Tugenden des Gemeinschaftslebens, des Zusammengehörigkeitsgefühls, der Liebe und des Mitleids für alle aus den Augen verloren. Wenn wir mit anderen nicht in Kontakt kommen, wie können wir sie dann lieben?
  - *Darshan*

19. Juli
Die ganze Schöpfung ist der Tempel Gottes. Es gibt keinen Ort, wo Er nicht ist.
In den Mineralien schläft das Leben, in den Pflanzen träumt das Leben, in den Vögeln und jeglichem Getier erwacht das Leben, und im Menschen ist das Leben wach.
Somit sind wir Brüder aller Geschöpfe, der Pflanzen, Vögel und anderen Tiere. Blumen und Bäume, Sperlinge und Tauben sind wie Glieder unserer eigenen Art. Wie einfach, rein, liebevoll und schön sind sie! Wir sollten von ihnen lernen, ein Leben der Reinheit, Einfachheit und göttlichen Liebe zu führen.
  - *Kirpal*

20. Juli
Das Meer des Lichts ist unendlich - es ist das Leben, das so kurz ist.
- *Darshan*

21. Juli
Es gibt für die ganze Welt nur einen einzigen Gott. Er gehört nicht allein den Hindus, den Moslems, den Christen oder den Sikhs, sondern allen gemeinsam. Gott ist, was Er ist. Er lebt in den Dieben, Betrügern und den Boshaften genauso wie in den religiösen Menschen und den Atheisten. Doch die Welt weiß nichts davon, weil ein Vorhang hinter den Augen hängt, durch den wir nicht hindurchsehen können. Wir sind uns des inneren Reichtums nicht bewußt.
- *Hazur*

22. Juli
Viele Gemeinschaften, Glaubensrichtungen und andere religiöse Kreise haben denen, die nach Spiritualität verlangen, nur ein Vermächtnis an Büchern, Bekenntnissen und Theorien zu bieten. Sie verbergen ihre Unzulänglichkeiten und Mängel hinter einer Fassade von herzlichem Entgegenkommen, einer Flut von technischen Begriffen und Fachausdrücken, sowie der großzügigen Anwendung von Redensarten und Aussprüchen aus der gewaltigen Menge an Literatur, die heute auf dem Markt ist. Propaganda und Zurschaustellung haben den Platz der praktischen Spiritualität eingenommen, mit dem Ergebnis, daß die getäuschte Öffentlichkeit vor den heiligen Büchern und dem Gedanken an Gott zurückschreckt. Deshalb nimmt die Abkehr von Gott zu.
- *Kirpal*

23. Juli
Bescheidenheit ist eine Lebensweise. Wenn wir Gott ergeben sind, mitleidsvoll handeln und uns ganz unseren Aufgaben widmen, dann entwickelt sich Bescheidenheit ganz von selbst.
Bescheidenheit ist ein Teil der Demut. Um demütig zu werden, müssen wir unser Ego überwinden. Um unser Ego zu überwinden, gehen wir zu einem vollkommenen Lehrer und versuchen, unser Leben seinen Anweisungen gemäß zu ändern. Die Heiligen aller Zeiten in Ost und West, in Nord und Süd haben als wichtigsten Teil ihrer Unterweisungen gelehrt: Demut als erstes, Demut als zweites und Demut als letztes.
  - *Darshan*

24. Juli
Nichts ist gut oder schlecht in dieser Welt, nur unsere Gedanken machen es dazu.
Wir sollten zweimal über etwas nachdenken, bevor wir darüber reden, und wir sollten uns stets so verhalten, daß das, was wir sagen, wahr und gut ist.
Vergeben und vergessen ist der Weg zur Spiritualität.
  - *Kirpal*

25. Juli
Traditionell ist Meditation stets ein Mittel gewesen, durch das sich die Menschen spirituell entwickelt haben. Ob man es Konzentration, Inversion, Gebet oder Meditation nennt, jede Religion und jede Philosophie sprechen von der Meditation als Weg, durch den wir Wissen über unsere Seele und über die göttliche Kraft in uns erlangen.
  - *Rajinder*

26. Juli
Verhält sich jemand uns gegenüber schlecht, negativ oder bedrückt uns seine Mentalität, so können wir uns zurückziehen. Statt einer heftigen Antwort ist es besser, ruhig und still zu bleiben. Anstatt ihm Böses zu wünschen, sollten wir ihm liebevolle Gedanken schicken und einfach nur denken, er solle aufhören, uns zu ärgern. Wenn wir das tun, haben wir den Bereich des Gebets betreten.
- *Darshan*

27. Juli
Es ist schwierig, ein wahrer Mensch zu werden, aber wenn man einmal ein Mensch im wahren Sinne geworden ist, dann ist es nicht mehr schwierig, Gott zu finden.
- *Kirpal*

28. Juli
Myriaden Heiliger und Seher haben Gott auf mannigfaltige Weise gepriesen, aber keiner konnte vollkommen erklären, wer Gott wirklich ist. Da Gott Liebe ist, kann auch die Liebe nicht völlig erklärt werden. Beschreibungen der Liebe gibt es Hunderte, und wenn die Heiligen und Dichter sie noch so oft besingen würden, die Liebe bliebe immer noch unerklärbar.
Die meisten Menschen sind der Auffassung, Liebe bestünde darin, sich gegenseitig in die Augen zu schauen. Ein Zitat des französichen Schriftstellers Antoine de Saint-Exupéry, das zum Nachdenken auffordert, lautet: „Liebe besteht nicht darin, sich gegenseitig in die Augen zu schauen, sondern gemeinsam in eine Richtung zu blicken." Diese Richtung ist das höchste Ziel.
- *Darshan*

29. Juli
Nichts in dieser Welt erfüllt uns so sehr, wie wenn unsere Seele in der Meditation mit Licht und Klang in Verbindung kommt. Die Seele möchte dann immer mehr von dieser Glückseligkeit erleben und vertieft sich immer mehr in das innere Licht und den inneren Klang.
Und schließlich erhebt sie sich auf diesem Strom aus der physischen Welt in die inneren Bereiche jenseitiger Schönheit.
  - *Rajinder*

30. Juli
Gott wird den Menschen nicht fragen, welcher Rasse er angehört, wohl aber, wie er sein Leben gestaltet hat.
  - *Kirpal*

31. Juli
Glaube ist eine Anfangsstufe, und was man glaubt, kann sich als wahr oder falsch erweisen. Man beginnt, etwas zu glauben, und glaubt schließlich ganz fest.
Doch Vertrauen ist etwas ganz anderes. Vertrauen entsteht durch persönliche Erfahrung und gründet sich darauf.
Glaube ist in überlieferten Lehren und in ihren Auslegungen durch Prediger und Geistliche begründet.
Vertrauen entwickelt sich besonders im spirituellen Bereich durch persönliche Erfahrungen.
Selbstverständlich hat auch der Glaube seinen Stellenwert auf dem spirituellen Pfad. Er hilft, das Feuer zu entzünden und den Wunsch nach Gott zu entflammen.

Der Glaube verwandelt sich jedoch nur dann in Vertrauen, wenn wir das, was wir gehört oder gelesen haben, selbst erfahren.
- *Darshan*

1. August
Ein vollendeter kompetenter Meister hat das strahlende Licht des Unendlichen in sich und ist in der Lage, die Lampen anderer zu entzünden.
- *Kirpal*

2. August
Die Heiligen rufen von den Dächern, daß sich Gott in uns befindet. Sie ermahnen uns, nach innen zu gehen, aber wir tun es nicht.
Die inneren Organe eines Moslems unterscheiden sich nicht von denen eines Hindu. Als Gott beide erschuf, gab Er ihnen dieselbe menschliche Grundform. Fragt die Ärzte, ob es anders ist.
- *Hazur*

3. August
Wir sollten wahr zu Gott in uns sein. Gott wohnt nicht im Himmel. Er durchdringt und kontrolliert die ganze Schöpfung und überwacht uns im Körper. Er ist uns näher als unsere eigenen Hände und Füße.
- *Kirpal*

4. August
Geduld und Ausdauer sind zwei Grundvoraussetzungen auf dem Pfad der Spiritualität. Sie sind sehr wichtig.
In allen Lebensbereichen wird man feststellen, daß es ungeduldigen Menschen an Demut mangelt. Wer nicht ausharren kann, ist Sklave seines kleinen Selbstes, seines Egos.
Gesegnet ist, wer Geduld und Ausdauer entwickelt hat, er wird leichter Zugang zur Gotteskraft erhalten. Wer Geduld und Ausdauer besitzt und das Ego völlig abgeschüttelt hat, wird eins mit der ewigen Gotteskraft.
 - *Darshan*

5. August
Warum kommen die Meister und was ist ihre Aufgabe? Sie befreien die Seele vom Gemüt und den Sinnen und verbinden sie mit dem inneren Licht und Ton. Sie kommen ausschließlich zu diesem Zweck, obwohl sie dabei durch viele Schwierigkeiten gehen und hart arbeiten. Deshalb geht zum Meister und beherzigt seine Ratschläge.
 - *Kirpal*

6. August
Meditation hat zahlreiche Vorteile für unser körperliches und mentales Wohlbefinden. Die Methode des inneren Lichtes und des inneren Klanges ist wirkungsvoll und kostet nichts.
Wenn wir einmal gelernt haben zu meditieren, haben wir ein Heilmittel, das uns immer zur Verfügung steht, und wir können es jederzeit und überall einsetzen.
 - *Rajinder*

7. August

Der Mensch wurde erschaffen, um Mitleid mit seinen Mitmenschen zu empfinden, um Schmerz und Kummer und Leiden unserer Mitmenschen sowie der gesamten Schöpfung zu teilen. Statt dessen töten wir so viele Geschöpfe aus Sport oder um unsere Lust auf Fleisch zu befriedigen. Im Alltag sehen wir oft Nachbarn leiden. Wir kümmern uns selten darum, ob sie an Hunger oder Krankheit sterben. Wenn wir auf der Straße einen Unfall beobachten, bemühen wir uns selten, den Verletzten zu retten, ihn ins Krankenhaus zu bringen und ihm zu helfen.
Zählt nur, wie viele Gelegenheiten zu selbstlosem Dienst wir vorübergehen lassen.
   - *Darshan*

8. August

Spiritualität ist die Mutter aller Erfahrungswissenschaften und bringt klare Ergebnisse, so wie zwei mal zwei vier sind. Wir brauchen nichts von vornherein anzunehmen oder nach einer gegebenen Hypothese vorzugehen, in Richtung auf irgendein vorweggenommenes Ziel.
   - *Kirpal*

9. August
Kunst, ganz gleich, ob Musik, Dichtung, Tanz, Malerei oder Bildhauerei, ist ein Geschenk Gottes, und Musik wird als die höchste aller Künste angesehen.
Wenn ihr eure künstlerische Energie, eure schöpferische Kraft auf eine rein spirituelle Ebene ausrichten könnt und eure Talente zur Verherrlichung Gottes und des Geistes Gottes im Menschen gebraucht, so wird euch die Gotteskraft leiten und inspirieren.
In dieser Verherrlichung besteht die wahre Aufgabe der Künste, denn ursprünglich waren sie ein Mittel, um die Größe Gottes zu verherrlichen.
   - *Darshan*

10. August
Immer wenn ich gefragt werde, wie wir Frieden und Harmonie in unserer Welt erreichen können, antworte ich: „Beginne zuerst in deinem eigenen Heim."
Der Frieden im eigenen Heim wird schließlich erblühen wie eine Rose, die ihren süßen Duft überallhin verströmt und wird sich auf die Gesellschaft, in der wir leben, ausdehnen, sowohl auf nationaler, wie auch auf globaler Ebene.
   - *Rajinder*

11. August
Falls jemand etwas Unfreundliches über uns sagt, sollten wir es in Ruhe überdenken. Wenn das Gesagte teilweise oder im großen und ganzen richtig ist, sollten wir versuchen, diese Mängel zu beheben und dem Betreffenden danken, daß er uns darauf aufmerksam gemacht hat.
Ist das, was er sagt, jedoch nicht richtig, dann sollten wir es als gegeben annehmen, daß er nicht genau Bescheid

weiß und daß das, was er vorgebracht hat, auf einem Irrtum beruht. Wir sollten ihm vergeben und alles vergessen. Sollte sich jedoch eine Gelegenheit ergeben, das Mißverständnis zu beseitigen, dann sollten wir das freundlich und offenherzig tun. Dies wird unseren spirituellen Fortschritt beschleunigen.
- *Kirpal*

12. August
Die Ehe ist ein Sakrament, kein Vertrag. In den Schriften steht, daß Ehe bedeutet, einen Lebensgefährten in guten und schlechten Tagen zu haben und einander zu helfen und Gott zu erkennen, was das höchste Ziel im menschlichen Leben ist.
Es ist die unsichtbare Hand Gottes, die zwei Seelen zusammenführt, um das Geben und Nehmen als Folge von karmischen Handlungen der Vergangenheit abzuwickeln. Das ist kein Zufall, sondern vorherbestimmt, eine göttliche Fügung, die zur festgesetzten Zeit eintritt.
- *Darshan*

13. August:
Die Seele findet erst dann Ruhe und Frieden, wenn sie mit ihrem Ursprung wieder eins geworden ist. Wir sollten diese grundlegende Wahrheit erkennen, anstatt einen Weg zu suchen, der unsere weltlichen Wünsche erfüllt. Und wenn wir sie einmal erkannt haben, wird uns eine wachsende Sehnsucht nach Gott erfüllen. Es ist wahr, daß der Schöpfer, als er das Weltall erschuf, auch das Leiden erschuf. Was wir Kummer und Leiden nennen, ist nur eine andere Bezeichnung für die Trennung von Gott.
- *Darshan*

14. August
Die Grundlage von Glück und ewigem Leben ist in uns selbst. Wir brauchen nur die Hilfe eines vollendeten Meisters, der durch die inneren Ebenen reist und der auch uns dorthin bringen kann.
- *Hazur*

15. August
Die schöpferische Kraft, der Strom, der aus der Quelle fließt, und unsere Seele sind reine Liebe, reine Bewußtheit und Glückseligkeit. In unserem täglichen Leben sind wir uns nur des Körpers und des Gemüts bewußt und haben unsere wahre Natur, die Seele, völlig vergessen. In der Meditation werden wir uns jedoch unserer wahren Natur als Seele wieder bewußt.
- *Rajinder*

16. August
Meditation ist der Weg zurück zu Gott. Deshalb sollten wir mehr Zeit dafür aufbringen - soviel wie wir in unserem täglichen Leben dafür abzweigen können.
- *Kirpal*

17. August
Die ersten Eindrücke des Kindes bilden die Grundlage, von der aus es sich die Welt erobert. Diese frühen Eindrücke sind somit die wichtigsten. Sie werden von den Eltern vermittelt - vor allem von der Mutter. Die Mutter spielt eine äußerst wichtige Rolle in der Erziehung des Kindes.
Die Erziehung eines Kindes beginnt bereits im Mutterleib. Die Gedanken der Mutter haben eine starke Wirkung auf das Kind. Während der ganzen Zeit der

Schwangerschaft, vom Augenblick der Empfängnis an, legen Gedanken und Ausstrahlung der Mutter die Grundlage für die Entwicklung des Kindes.
 - *Darshan*

18. August
Die Heiligen haben ein mitfühlendes Herz. Sie empfinden selbstlose Liebe für uns alle und freuen sich, wenn sie anderen dienen können.
 - *Kirpal*

19. August
Wenn wir wollen, daß unsere Kinder zu vorbildlichen Persönlichkeiten werden, so müssen zuerst wir selbst zu vorbildlichen Eltern werden. Die Eindrücke, die wir weitergeben, haben weitreichenden Einfluß auf unsere Kinder. Hazur Baba Sawan Singh sagte oft, ein Kind sei wie ein unbeschriebenes Blatt Papier. So wie man auf ein leeres Blatt Papier schreiben kann, was man will, kann man dem Gemüt eines kleinen Kindes alle beliebigen Eindrücke einprägen. Sind die Eindrücke positiv, werden unsere Kinder im Laufe der Jahre an Stärke gewinnen.
 - *Darshan*

20. August
Viele meditieren gerne nachts vor dem Schlafengehen, weil es eine stille, ruhige Zeit ist mit wenig Ablenkungen und Störungen.
Andere beginnen ihren Tag gern mit Meditation, so daß sie eine schützende Hülle der Ruhe umgibt, die ihnen hilft, den Schwierigkeiten des Tages zu begegnen.
 - *Rajinder*

21. August
Die Einweihung in das innere Licht und den inneren Klang durch eine Meisterseele ist von größter Bedeutung, denn darin liegt das Geheimnis aller esoterischen Lehren und Erfahrungen. Sie bedeutet eine neue Geburt und ein neues Leben in einer gänzlich neuen Richtung. Diese spirituelle Geburt wird auch zweite Geburt genannt, die den Menschen befähigt, ein neues Leben zu beginnen, der Vergangenheit „Lebewohl" zu sagen und seiner ursprünglichen Heimat, dem lange vergessenen Paradies, dem Neuen Jerusalem, der Heiligen Stadt, Muquam-i-Haq oder Sach Khand, entgegenzugehen. „Wahrlich, wahrlich, ich sage euch: Es sei denn, daß jemand von neuem geboren werde, so kann er das Reich Gottes nicht sehen." (Joh. 3.3)
  - *Kirpal*

22. August
Eine Wahrheit wird von allen Religionen gelehrt: Die Wahrheit von allumfassender Liebe, Weisheit und Frieden.
  - *Darshan*

23. August
Die Schönheit der Meditation auf das innere göttliche Licht und den göttlichen Klang besteht darin, daß wir in der Lage sind, dieses Licht und diesen Klang selbst zu erfahren. Wir müssen dazu niemandem zuhören und auch keine Bücher darüber lesen, sondern können beides innen einfach erfahren.

Wenn wir diese Erfahrung nicht haben und nur einen
Vortrag darüber hören, sind wir nicht hundertprozentig
sicher. Doch wenn wir unsere Augen schließen, können
wir im Innern Licht sehen und melodiöse Klänge hören,
und wir wissen dann, daß es innen etwas gibt - denn
dort ist niemand, der eine Fackel anzünden oder Licht
einschalten oder Musik spielen kann.
   - *Rajinder*

24. August
Auf dem Weg zu Gott geht man ohne Füße und sieht
ohne Augen. Selbst ein Krüppel kann die höchsten
Himmel erklimmen, wenn er einem kompetenten Lehrer begegnet, der das innere Auge öffnet und ihn lehrt,
wie man sich vom Körper zurückzieht. Sein Körper mag
gelähmt sein, aber seine Seele wird die Himmel durchqueren.
   - *Kirpal*

25. August
Wenn ihr einen Heiligen aufsucht, solltet ihr keine
Angst vor der Meinung anderer haben. Ein großer Teil
der Menschheit wird die Segnungen der Heiligen nicht
erhalten, weil sie Angst vor öffentlicher Kritik haben. Ihr
dürft euch von solchen Gefühlen nicht beeinflussen lassen.
   - *Hazur*

26. August
Vorbild ist besser als Vorschrift.
Stärkt die innere Verbindung mit dem göttlichen Licht und Ton. Führt ein ideales Leben. Lügt nicht. Seid aufrichtig und liebt alle. Denkt nicht schlecht von anderen. Tut selbstlosen Dienst. Haßt niemanden.
Macht all das zu einem Teil eures Lebens, und die Menschen werden auf euch sehen.
Christus sagte: „Ich gebe euch das größte Gebot: Liebet einander!"
    - Kirpal

27. August
Gott ist ein Meer der Allbewußtheit und wir sind ebenfalls bewußtes Sein, da wir vom gleichen Wesen sind wie Gott. Jetzt aber liegt unsere Seele noch im tiefen Schlaf. Sie ist von den Hüllen des Gemüts, der Materie und der Täuschung umgeben.
Um den spirituellen Pfad gehen zu können, müssen wir bewußter werden. Spiritualität ist das Erwachen des göttlichen Bewußtseins, das in jedem schlummert. Wir müssen die Fesseln abstreifen und unsere Seele von den Hüllen der Täuschung befreien, damit sie ihr volles Bewußtsein wiedergewinnen und zu Gott heimkehren kann.
    - Darshan

28. August
Der Weg zur Vollkommenheit besteht mehr darin, ihn zu gehen, als über ihn zu reden. Alle sind auf dem Weg zur Vervollkommnung, und es ist nicht klug, andere zu tadeln.
    - Kirpal

29. August

Solange wir in der Welt leben, häufen wir alle Karma an. Schlechtes Karma müssen wir abdienen, doch auch bei gutem Karma müssen wir zurückkehren und dessen Früchte ernten. Krishna sagt, daß schlechtes Karma eisernen Ketten gleicht, die uns an diese Welt binden. Doch er betont, daß auch gutes Karma Ketten gleicht, wenn auch goldenen, weil wir auch für gute Taten deren Belohnung ernten müssen.
 - *Rajinder*

30. August

Das höchste Ziel ist, sich selbst und Gott zu erkennen und alle anderen, die in der gleichen Lage sind, liebevoll zu achten, indem man ihnen ein Vorbild ist.
Deshalb sollten wir gerecht und freundlich sein zu jedermann und aufrichtig und wahr zu uns selbst, sollten anderen Gutes tun, andere glücklich machen, sollten die Kranken und Betrübten trösten und den Armen und Bedürftigen dienen, sollten Gott und Seine ganze Schöpfung lieben, die Menschen, Tiere, Vögel und Reptilien und die noch weniger Bewußten, denn sie sind alle Glieder der einen Familie Gottes.
Es gibt nur eine Kaste, eine Religion und einen Gott.
Es gibt nur eine Kaste, die Kaste der Menschheit.
Es gibt nur eine Religion, die Religion der Liebe.
Es gibt nur ein Lebensprinzip, das der Wahrhaftigkeit.
Es gibt nur eine Sprache, die Sprache des Herzens.
Es gibt nur einen Gott, den Allgegenwärtigen, den Allwissenden, den Allmächtigen.
 - *Kirpal*

31. August
Die großen Heiligen und Mystiker legen Wert darauf, daß wir unser Eheleben auf erhabene Weise führen, um ein glückliches Erdenleben zu sichern. Eine erfolgreiche Partnerschaft muß dem Grundsatz der Bescheidenheit und Demut folgen, zusammen mit liebevollen Worten. Damit wird ein fester Grund gelegt, auf dem das Gebäude der Ehe errichtet werden kann, und gegenseitiges Vertrauen, Zuversicht und Achtung entstehen.
Wenn beide Partner ein harmonisches Leben führen, werden sie wie zwei Räder einer Kutsche, die gleichmäßig fährt und sie zu ihrem Ziel bringt.
Wenn Mann und Frau einander auf dem spirituellen Pfad helfen, dann werden sie das höchste Ziel, die Vereinigung mit Gott, viel schneller als üblich erreichen.
    - *Darshan*

1. September
Wer das Geheimnis des Pfades, der zum Allmächtigen führt, verstanden hat, wird nie mehr den Qualen der Wiedergeburt unterworfen sein. Langsam und allmählich wird sein Geist zu den höheren Ebenen fortschreiten. Und der Tag ist nicht fern, wo sein Geist, selbst befreit von den Fesseln des Gemüts, in der ewigen Heimat des höchsten Vaters Ruhe finden wird.
    - *Hazur*

2. September
Eine Blume erkennt man am Duft, den sie ausströmt. Laßt deshalb eure Gesinnung, Worte und Taten vom Duft der Liebe erfüllt sein. Liebt, und alles wird euch zufallen.
    - *Kirpal*

3. September

Glaube, er mag noch so stark sein, ersetzt niemals Vertrauen. Glaube kann uns bis zu einem gewissen Grad helfen. Verläuft aber etwas nicht nach unserem Wunsch und Willen, so beginnen wir sofort die Existenz Gottes anzuzweifeln.
Werden wir von Leiden oder Not heimgesucht, so wird unser Glaube vollkommen erschüttert. Wir glauben nur, wenn alles nach unseren Wünschen geht. Bloßer Glaube kann in den Anfangsstadien hilfreich sein, aber man wird erleben, daß er in Sand wurzelt.
   - Darshan

4. September

Oft, wenn wir lustig sein wollen, sind wir sarkastisch. Wir versuchen intelligent und witzig zu erscheinen, doch wir tun dies auf Kosten der Gefühle anderer.
Humor ist gut und immer willkommen, doch er sollte nicht zu Lasten anderer Herzen gehen. Humor bereichert manche Situation, doch wir sollten nicht über andere spaßen und dabei ihr Herz brechen.
   - Rajinder

5. September
Wir sollten glücklich sein, wenn andere glücklich sind und voller Anteilnahme, wenn andere leiden.
Wenn wir auch nur einem Menschen helfen, ein kleines Kümmernis aus seinem Leben zu entfernen, leisten wir einen großen Dienst.
Teilt die Sorgen unserer armen Mitmenschen durch sanfte Worte und gütiges Mitgefühl, sonst breiten sie sich mit der Zeit aus und wachsen. Es ist wirklich ein großer Dienst, einem verzweifelten Kind behilflich zu sein, seinen Weg zum Vater zu finden.
   - *Kirpal*

6. September
Spiritualität ist nichts anderes als die persönliche Erfahrung des Göttlichen. Niemand hat das durch Lesen von Büchern oder durch wöchentliche Teilnahme an religiösen Zusammenkünften erfahren. Spiritualität beginnt, wo der Glaube endet.
Zwischen Glauben und Spiritualität, also eigener spiritueller Erfahrung, besteht eine Welt von Unterschieden. Glaube ist der erste Schritt, Vertrauen das letzte Ziel.
   - *Darshan*

7. September
Ein eingebildetes oder vermeintliches Unrecht wirkt im Gemüt wie ein Stachel. Wenn sein Schmerz unerträglich wird, brechen Flammen des Hasses und der Verachtung hervor. Wir verlieren das innere Gleichgewicht, und wie eine Krebsgeschwulst verströmen wir einen üblen Geruch, der mehr und mehr die ganze Umgebung verunreinigt. Die meisten Beleidigungen und auch das meiste Unrecht uns gegenüber sind das Ergebnis unserer eige-

nen Denkweise, denn solche Gedanken brüten zahllose gleichartige aus und vermehren sich um ihr Vielfaches. Aus diesem Teufelskreis kommen wir nur dann heraus, wenn wir unsere Haltung dem Leben gegenüber ändern.
   - Kirpal

8. September
Wenn wir einmal erkannt haben, wie wichtig dieses Leben ist, und daß wir etwas tun müssen, um uns in spiritueller Hinsicht zu entwickeln, dann sind wir auf dem richtigen Weg.
Die großen Weisen und Seher sagen immer, wenn wir einen Schritt auf Gott zugehen, dann kommt Er uns tausend Schritte entgegen.
   - Rajinder

9. September
Bescheidenheit bedeutet, unsere Pflicht ordnungsgemäß zu erfüllen, hingebungsvoll, und ohne uns zur Schau zu stellen.
Haben wir erst einmal Demut und Mitleid entwickelt, so folgt Bescheidenheit ganz von selbst. Wir sind dann in allen Lebensbereichen bescheiden: wie wir sprechen, wie wir uns kleiden und wie wir handeln.
Mangelt es an Bescheidenheit, so werden wir statt dessen selbstsüchtige Gedanken, Reden und Taten feststellen können.
Wo kein Ego ist, da ist Demut. Bescheidenheit ist deshalb ein Teil der Demut. Demut ist eine Grundeigenschaft und Bescheidenheit eine Lebensweise.
   - Darshan

10. September
Wissen ist gut. Es gibt das Wissen über die Welt, den Körper, die Krankheiten, das Wissen über so viele Dinge. Aber von allen Wissensgebieten ist das Wissen über das eigene Selbst das höchste. Mit dem Wissen vom Selbst können wir auf jedem anderen Wissensgebiet, dem wir uns zuwenden, Erfolg haben.
  - *Kirpal*

11. September
Die Heiligen berichten uns, daß wir nur aufgrund eines sehr guten Schicksals zu einer wirklich erleuchteten Seele kommen, zu einem Meister, der uns das Geheimnis der Meditation am dritten Auge enthüllt. Wenn wir diese Meditation praktizieren, erhebt sich die Seele über die verschiedenen Ebenen und begegnet Gott.
  - *Hazur*

12. September
Hebt alle Unterschiede der Menschen auf, hebt sie für immer auf, und laßt die Erde wieder ihr blühendes Festtagskleid tragen, die Welt frei sein von Furcht.
Laßt die Menschen in ständiger Freude leben, mit der Liebe Gottes im Herzen, dann können wir den Himmel auf Erden haben, um den wir so innig beten.
  - *Darshan*

13. September
Jedes Wort, jeder Blick, jede Bewegung, jede Berührung, selbst die Aura eines Heiligen ist durchdrungen von der Barmherzigkeit, von der Liebe und der Gnade Gottes.
  - *Kirpal*

14. September
Das Leben auf dieser irdischen Ebene ist flüchtig, und wir stehen im Wettlauf mit der Zeit. Laßt uns keinen einzigen Augenblick verlieren, denn jeder Augenblick ist ein Augenblick der Ewigkeit, und ein verlorener Augenblick kann viele verlorene Zeitalter, viele verlorene menschliche Geburten bedeuten.
    - *Darshan*

15. September
Reue an sich ist gut, aber sie kann das Vergangene nicht ändern. Was immer man denkt, spricht oder tut, ob Gutes oder Schlechtes, hinterläßt einen tiefen Eindruck im Gemüt, und diese gehäuften Eindrücke machen das Glück oder Unglück eines Menschen aus.
    - *Kirpal*

16. September
Heilige und Mystiker lieben alle Menschen, ungeachtet ihres sozialen Standes und ihrer Position im Leben. Sie sehen, daß das Licht Gottes in allen scheint. Sie geben allen, die ihnen begegnen, das höchste Beispiel der Liebe und Demut.
Wenn große Heilige und Mystiker, die mit Gott eins geworden sind, so viel Demut besitzen - wie können dann wir vom Ego aufgeblasen sein?
    - *Rajinder*

17. September
Bevor ihr nicht einem Menschen mit spirituellem Wissen begegnet, lebt ihr in Dunkelheit.
    - *Kirpal*

18. September
Gott zu finden ist in Wahrheit das einzige Ziel, der einzige Zweck des menschlichen Lebens.
 - *Kirpal*

19. September
Wenn wir uns wirklich selbst prüfen, uns eingehend im Spiegel betrachten, gewinnen wir sicher die Überzeugung, daß wir die meiste Zeit über andere nachdenken, über andere reden, andere kritisieren, anderen Schlechtes wünschen. Somit injizieren wir unser Blut mit dem Gift des Ärgers, anstatt es von der Liebe zu Gott durchdringen zu lassen und Wellen der Liebe auszusenden.
 - *Darshan*

20. September
Die Propheten der verschiedenen Religionen verkünden, daß Gott den Menschen nach Seinem Ebenbild geschaffen hat.
Die Hindus bezeichnen den menschlichen Körper als gottgleiche Form. Die Veden und andere Schriften singen zum Lobe von Naam - dem inneren Wort, bzw. Licht und Ton -, doch wenn man sich damit zufrieden gibt, diese Bücher nur zu lesen, wird man nichts erlangen. Sogar die Bücher fordern uns auf, Naam in uns selbst zu suchen.
 - *Hazur*

21. September
Die Vergangenheit ist tot und begraben, und Reue, wenn auch an sich gut, kann nichts heilen oder ungeschehen machen.

Die Zukunft besteht hingegen hauptsächlich aus Rückwirkungen vergangener karmischer Handlungen und wird zu einem Großteil davon bestimmt, was wir in der Gegenwart tun.
Wenn uns nun daran gelegen ist, in der Gegenwart ein gutes, rechtschaffenes und ehrenhaftes Leben zu führen und wir uns an die heiligen Gebote der Weisen und Seher halten, brauchen wir uns um die Vergangenheit wenig sorgen und uns vor der Zukunft nicht zu fürchten.
 - *Kirpal*

22. September
Unsere Arbeit mit Hingabe und Aufrichtigkeit zu erledigen ist unsere Pflicht, unsere Verpflichtung. Und Kinder in der bestmöglichen Art aufzuziehen, ist höchste Kunst. Musik, Dichtkunst, Malerei, Bildhauerei, Tanz - alle die fünf schönen Künste - haben einen großen Stellenwert. Auf eine symbolische Art stellen schließlich alle Künste die Schönheit Gottes dar. Aber die höchste Kunst ist es, Kinder aufzuziehen, denn wir formen Meisterstücke aus Gottes Schöpfung.
Wir müssen ihnen genügend Anerkennung schenken und ihnen einen gebührenden Platz in unserem Leben einräumen.
 - *Darshan*

23. September
Um die Welt zu heilen, müssen wir zuerst uns selbst heilen. Und um Frieden in die Welt zu bringen, müssen wir zuerst Frieden in uns selbst entwickeln.
Diesen inneren Frieden können wir durch Meditation erlangen.
 - *Rajinder*

24. September

Wenn ein Meister-Heiliger die karmische Last von ergebenen Seelen auf seine eigenen Schultern nimmt, übersieht oder übergeht er deshalb nicht das „Höchste Gesetz". Seine Stellung mag mit der eines verkleideten Königs verglichen werden, der sich, um die Lage seiner Untertanen zu verbessern, freiwillig unter sie mischt, um ihre Schwierigkeiten zu verstehen und zeitweilig auch ihre Freuden und Sorgen zu teilen.
Soweit es den menschlichen Körper angeht, macht ein Meister-Heiliger von einem besonderen göttlichen Zugeständnis Gebrauch. Er kann, kurz gesagt, den Tod durch die Guillotine in einen Dornenstich umwandeln. Manchmal erlaubt er seinem eigenen Körper in einem geringeren Ausmaß zu leiden. Auf diese Weise zeigt er den Menschen, daß alle Körper leiden, denn dies ist das Gesetz der Natur für alle verkörperten Geschöpfe.
- *Kirpal*

25. September

Wenn wir alle Religionen vergleichen, so sehen wir, daß die Grundlehren die gleichen sind, auch wenn sie in verschiedene Sprachen gekleidet sind. Die Grundwahrheiten sind immer die gleichen. Sie weisen darauf hin, daß Gott dieses gewaltige Universum und den Menschen nach Seinem Ebenbild erschaffen hat.
Da Gott das Meer aller Seligkeit, Weisheit und Liebe ist, sind auch wir Tropfen aus diesem Meer und demnach also Brüder und Schwestern in Gott.
- *Darshan*

26. September
Gott und die Seele bewohnen denselben Körper, doch sie treten nicht miteinander in Verbindung. „Sucht im Innern" lautet der Ratschlag der Heiligen. Was innen ist, kann außen nicht gefunden werden, und doch verbringen wir unser Leben, indem wir Gott durch weltliche Mittel finden wollen.
 - *Kirpal*

27. September
Die Heiligen schauen auf die Seele des Schülers und nicht auf sein Gemüt oder seinen Körper. Dies ist der Grund, warum Heilige niemals enttäuscht sind.
 - *Hazur*

28. September
Wir gehen auf dem Pfad der Liebe, dem Pfad der Spiritualität. Der Meister verfügt über unschätzbare Quellen der Spiritualität und Liebe, und er kann diese Gaben jedem von uns schenken. Er kann jeden lieben. Er kann jeder Seele so viel Liebe geben, wie sie aufnehmen kann, und doch wird seine Liebe niemals kleiner. Unabhängig davon, wieviel Liebe er den Menschen dieser und auch der jenseitigen Welt gibt, das Ausmaß seiner Liebe ist grenzenlos.
 - *Darshan*

29. September
Gott gehört weder zu einer bestimmten Kaste noch zu einer bestimmten Religion. Warum streiten wir dann wegen so etwas? Wenn wir uns als Diener Gottes bezeichnen, warum sollte es dann irgendwelche Streitigkeiten unter seinen Dienern geben? Wir sollten uns nach innen wenden und den inneren Schleier durchdringen. Wir wissen, daß Gott in allen ist. Wer nach innen geht und Gott schaut, indem er den inneren Schleier entfernt, den achten und loben wir. Wer aber den Schleier nicht entfernt und auch nicht nach innen geht, kommt blind in die Welt und verläßt sie auch wieder blind.
   - *Hazur*

30. September
Bei der Meditation auf das innere Licht und den inneren Klang kommen wir mit dem göttlichen Licht in Verbindung, und dies bewirkt in uns eine große Umwandlung.
   - *Rajinder*

1. Oktober
Es ist eine allgemeine Erfahrung, daß die meisten unserer Gebete ohne Erwiderung bleiben. Der Grund dafür ist nicht schwer zu finden. Wir beten in unserer Unwissenheit oft um Dinge, die uns auf die Dauer mehr schaden als nutzen würden; und so brauchen wir uns nicht zu wundern, wenn Gott in Seiner grenzenlosen Barmherzigkeit solche Gebete nicht erhört.
   - *Kirpal*

2. Oktober
Der Weg der Heiligen ist ein Weg der Umkehr. Die Heiligen lehren uns, sich über das Körperbewußtsein zu erheben und die Sinne auszuschalten. Nur ein vollkommener Meister kann uns in die Lage versetzen, diese Aufgabe zu verrichten und uns selbst zu entdecken.
- *Darshan*

3. Oktober
Beurteile einen Meister nicht nach seiner äußeren Erscheinung, seiner Abstammung, seiner kostbaren oder ärmlichen Kleidung, nicht nach seinem Heimatland oder danach, wie er spricht, ißt oder nach seiner Stellung, die er innehat, nach der Anzahl der Bücher, die er geschrieben hat, noch nach dem, was die Leute über ihn reden. Empfange zuerst die innere Erfahrung, die er verspricht, dann urteile von diesem höheren Blickwinkel aus. Die eigene Erfahrung ist das richtige Kriterium zur Beurteilung eines wahren Meisters.
- *Kirpal*

4. Oktober
Die Menschen mögen denken, ein Heiliger habe ein leichtes Leben; er habe scharenweise Anhänger. Aber die Aufgabe des Heiligen ist sehr schwierig. Er trägt eine größere Verantwortung als der Kapitän eines Schiffes während eines Sturms. Das Meer hat Ufer und Grund, es ist nicht zu vergleichen mit dem Meer des Lebens, durch das die Heiligen die Seele führen.
- *Hazur*

5. Oktober
Es ist die Seele, die Gott erfahren muß, denn Gott ist All-Bewußtheit, und auch unsere Seelen sind bewußte Wesen. Es ist nur die Seele, die Gott erfahren kann, und zu diesem Zweck müssen wir erkennen, wer wir sind und was wir sind.
„Erkenne dich selbst" war stets der Leitspruch aller Weisen. Sie sagten niemals: „Erkenne andere." Erst wenn ihr euch selbst erkennt, werdet ihr in der Lage sein, das Überselbst zu erkennen.
- *Kirpal*

6. Oktober
Auf dem Weg der Liebe kannst du versteckte Anspielungen, Vorwürfe und öffentliche Kritik erwarten. Aber du solltest dir darüber keine Gedanken machen. Sei dir nur bewußt, daß du auf einem sehr erhabenen Pfad vorwärts gehst. Nimm es so, daß Vorwürfe, Tadel und Kritik - ja sogar Beschimpfung - dir auf dem Weg der Liebe helfen voranzukommen.
Wenn du dich vor deinen Freunden, deinen Kollegen, deinen Verwandten und der ganzen Gesellschaft fürchtest, wie kannst du dann hoffen, daß du für die Wahrheit gerade stehen kannst?
- *Darshan*

7. Oktober
Ehe wir nicht den Blick entwickelt haben, der Gott in allem sieht, gehen wir an der Wahrheit vorbei.
- *Kirpal*

8. Oktober
Wenn jeder Mensch inneren Frieden durch Meditation erlangen und Liebe für alle entwickeln würde, könnte schon nach kurzer Zeit auf unserem Planeten Frieden herrschen. Das wäre dann ein Leben in Einigkeit und Harmonie.
Wenn wir persönlich Frieden und Glück erlangen, tragen auch wir bei zu einem goldenen Zeitalter des Friedens und des Glücks auf Erden.
- *Rajinder*

9. Oktober
Wenn ihr gute Gedanken aussendet, wird das Gute in Fülle wieder zu euch zurückkommen. Denkt ihr Böses, wird das Böse auf euch zurückfallen. Wenn ihr nie Übles von jemandem denkt, aber jemand denkt schlecht über euch, dann werden diese Gedanken zu ihm zurückkehren, und ihn mit doppelter Wucht treffen. Denkt ihr von jedem freundlich, können euch nur gute Gedanken erreichen.
- *Kirpal*

10. Oktober
Mitgefühl für die Mitmenschen zu entwickeln, ist der Hauptgrund, warum der Mensch erschaffen wurde. Wenn es nur eine Frage der Hingabe wäre - dafür gäbe es ja schon die Engel. Doch was den Menschen über die Engel erhebt, ist sein Mitgefühl für die Mitmenschen.
- *Darshan*

11. Oktober
Das innere Licht kommt nicht und geht nicht, sondern ist innen ständig da. Doch es erscheint nur, wenn wir darauf abgestimmt und konzentriert sind. Es verliert sich bei der geringsten Zerstreuung, doch es bleibt, sobald unser innerer Blick in der Meditation gefestigt ist.
 - *Kirpal*

12. Oktober
Alle vollendeten Meister folgten derselben Methode. Diese ist göttlichen Ursprungs und nicht vom Menschen erfunden, und sie ist ewig und natürlich. Würden wir uns mit ihr eingehend befassen, würden Streit und Hader von der Welt verschwinden. Aber Kal, die negative Kraft, unterbindet das.
 - *Hazur*

13. Oktober
Ein vollendeter Meister ist das Sprachrohr Gottes. Er ist der Pol, durch den Gott Seine Göttlichkeit erkennen läßt. Er hat das strahlende Licht des Unendlichen in sich und ist in der Lage, das Licht der Spiritualität in anderen zu entzünden.
 - *Kirpal*

14. Oktober
Es gibt Augenblicke, in denen es scheint, als seien wir verloren, hoffnungslos verloren in einem Kampf durch ein dunkles Land. Aber die ewige Fackel, die ein Heiliger hält, zeigt uns den Weg. Wir sollten nie unseren Mut verlieren. Wir müssen die ethischen Werte hochhalten, unsere Seele muß in erhobenem Zustand bleiben. Das

ist jedoch nur möglich, wenn wir fröhlich sind. Guten Mutes zu sein bedeutet, sich im Sonnenschein der Gnade und Barmherzigkeit eines Heiligen zu sonnen.
- *Darshan*

15. Oktober
Ein Meister-Heiliger ist immer bei den von ihm geführten Seelen. Er arbeitet mit ihnen, kennt ihr Fühlen und Verlangen und wickelt ihre karmische Schuldenlast ab, um sie von der Notwendigkeit vieler menschlicher Geburten zu befreien.
- *Kirpal*

16. Oktober
Beschließen wir, uns selbst spirituell zu entwickeln und durch Meditation die göttlichen Bereiche im Innern zu betreten, die auch die Religionsgründer und spirituellen Lehrer erreichten! Dann werden wir alle Menschen als Brüder und Schwestern in Gott betrachten. Dann werden wir alle lieben, alle respektieren und Toleranz allen gegenüber zeigen. Wir werden unsere äußeren Unterschiede als schöpferischen Akt Gottes verstehen und achten. Jede Blume hat eine andere Farbe und einen unterschiedlichen Duft, doch trägt jede einzelne zur Schönheit Seines leuchtenden Gartens bei.
- *Rajinder*

17. Oktober
Höhen und Tiefen sind die Rückwirkungen der eigenen früheren und jetzigen Handlungen. Doch es sind nur vorübergehende Erscheinungen.
- *Kirpal*

18. Oktober
Ihr solltet euch vor den fünf Todsünden - Begierde, Zorn, Habsucht, Leidenschaft und Eitelkeit - hüten und statt dessen die Tugenden der Wahrheit, Reinheit, der Demut, der allumfassenden Liebe und des selbstlosen Dienens entwickeln.
Der Weg, der zu weltlichem Reichtum führt und der Weg zu Gott liegen weit auseinander. Ihr könnt nur einen von beiden einschlagen. Somit müßt ihr zwischen diesen beiden Möglichkeiten wählen. Aber ist der Würfel einmal gefallen, so muß man sich notgedrungen ständig dafür einsetzen, das Ziel zu erreichen - welches es auch sein mag.
- Darshan

19. Oktober
In allererster Linie sollte man wahrhaftig sich selbst gegenüber sein. Bei den meisten von uns liegt die Schwierigkeit darin, daß Verstand, Zunge und Handlungen nicht übereinstimmen. Während wir etwas Bestimmtes im Sinn haben, spricht unsere Zunge etwas ganz anderes, und unsere Hände sind wieder mit etwas anderem beschäftigt.
„Sei dir selbst treu, und es folgt wie die Nacht dem Tage, daß du zu niemandem falsch sein kannst." (Shakespeare).
Wenn ihr aufrichtig euch gegenüber seid, braucht ihr keinen zu fürchten. Bevor ihr den Versuch macht, jemand anderen zu täuschen, täuscht ihr euch bereits selbst.
- Kirpal

20. Oktober

Hör das mitleiderregende Rufen der Seele, die sich in Schmerzen krümmt und weint nach Einheit mit Dir, o Gott.
Es herrschen Elend und Leid, und Wolken des Kummers bedrücken den menschlichen Geist.
Rasender Sturm läßt die Lampe verlöschen, die den Menschen bisher im Dunkeln den Pfad erhellt hat.
Die Welt erobert Planeten, doch einen lindernden Balsam findet sie nicht.
Niemand teilt die Sorgen des anderen, niemand heilt das menschliche Herz.
Das mächtige Atom schlägt die Welt in Bann, doch Glanz und Pracht der Seele gingen verloren.
Die Erde lodert in kalten Flammen des Krieges, Niedergang und Zerfall überall.
Der Geist des Menschen verkümmert in stählernem tödlichem Griff; was von ihm blieb, ist ein Bündel brüchiger Knochen.
Auf Dich, o gnädiger Gott, blickt die Welt, rette sie vor Vernichtung in dieser kritischen Stunde.
Laß Einheit und Liebe die ganze Schöpfung beherrschen, und Deine erwählten Boten die göttliche Liebe verkünden.
    - Darshan

21. Oktober
Zu vieles Reden vergeudet spirituelle Kraft. Versucht, das Reden zu beherrschen, indem ihr euch an Gott erinnert. Dann seid ihr in der Lage, Schwierigkeiten zu überwinden und zu gegebener Zeit Fortschritte zu machen. Denkt zweimal über etwas nach, bevor ihr davon sprecht. Denkt darüber nach, ob das, was ihr sagen wollt, wahr, gut und hilfreich ist.
  - *Kirpal*

22. Oktober
Durch Meditation erkennen wir, daß wir wirklich Seele sind. Wir erleben unser Sein als vom physischen Körper getrennt. Wenn wir uns über das Körperbewußtsein erheben und dann noch immer existieren, erkennen wir, daß der Körper nur ein gemietetes Haus ist, das unsere Seele für eine bestimmte Zeit bewohnt.
  - *Rajinder*

23. Oktober
Jeder Gedanke, jedes Wort, jede Tat, ob gut oder schlecht, hinterlassen einen unauslöschlichen Eindruck im Gemüt, und wir müssen darüber Rechenschaft ablegen. Deshalb sind rechtes Denken, rechtes Streben und rechte Lebensweise unumgänglich, die wie eine Hecke den zarten Sprößling der Spiritualität umgeben.
  - *Kirpal*

24. Oktober
Von Seinem allerhöchsten Wohnsitz aus sendet Gott Seine Musik des Himmels, aber die schlafende Mensch-

heit hört Gottes Stimme nicht, obgleich Er sich darum sorgt, sie zu erwecken.
- *Darshan*

25. Oktober
Es läßt sich kaum jemand finden, von dem man sagen kann, er wäre für sich allein auf der Welt, denn keiner kann ganz für sich leben.
Es ist auch wirksamer, den Kranken, Hungernden und Bedürftigen zu dienen, als nur zu predigen. „Dienen vor Eigennutz" ist der Leitspruch, mit dem die Glut des Mitgefühls, der Güte und Liebe geschürt und entfacht wird. Diese Tugenden haben eine große läuternde Wirkung. Sie reinigen den Menschen und geben ihm ein Anrecht auf das höchste Wissen von Gott. „Ohne Fleiß kein Preis", sagt das Sprichwort.
- *Kirpal*

26. Oktober
Verschiedene Blüten im Garten des Herrn sind wir,
Im gleichen Tal des Lichtes blüh'n wir.
Wir Erdbewohner: zu einer Menschheit gehören wir.
Es gibt nur einen Gott und seine Kinder sind wir.
- *Darshan*

27. Oktober
Jeder, der mit einem Meister-Heiligen im Innern Verbindung hat und mit ihm spricht, kann Jesus Christus sehen.
- *Kirpal*

28. Oktober
Auf der Reise der Liebe, auf der Reise unserer Seele, die sich mit der Überseele, mit Gott vereinigen möchte, gibt es viele Versuchungen und Fallen. Deshalb ist die Führung durch einen vollendeten Meister unbedingt notwendig.
    - Rajinder

29. Oktober
Die großen Heiligen opfern nicht, wie die meisten von uns, viel Zeit für ihre körperlichen Bedürfnisse. Sie betrachten das physische Gewand als bloßen Lumpen, der eines Tages weggeworfen wird. Sie leisten, wenn es nötig ist, schwere körperliche und geistige Arbeit, ohne Rast und Ruhe, und schlafen nicht ununterbrochen die ganzen Nächte hindurch.
Solche erstaunlichen Leistungen stellen für die moderne Wissenschaft ein Rätsel dar, obgleich sie diesen Heiligen zur Gewohnheit wurden; denn sie sind damit vertraut und machen von höheren Naturgesetzen Gebrauch, die wir nicht kennen.
    - Kirpal

30. Oktober
Vollendete Meister verwalten die Schätze von Naam. Es ist ihre Aufgabe, die Seelen von der physischen Ebene nach Sach Khand zu bringen.
    - Hazur

31. Oktober
Ein wahrer Meister empfindet Liebe für alle, darum initiiert er. Ein Mensch mag uns Kleider geben, mag uns

auch Geld oder Häuser schenken, aber niemand gibt uns sein Leben. Ein wahrer Meister dagegen gibt uns sein Leben. Sein Leben ist das heilige Wort, ist das innere Licht und der innere Ton. Er gibt uns sein wahres Leben, damit wir beginnen können, uns spirituell zu entwickeln.
- *Kirpal*

1. November
Barmherzigkeit drückt sich in Liebe aus. Wer keine Liebe hat, der kennt auch keine Barmherzigkeit. Wo aber Liebe ist, da findet man auch Barmherzigkeit.
- *Darshan*

2. November
Eine Art tierischer Geisteshaltung besteht darin, stur einem Guru zu folgen, ohne seinen Intellekt und sein Urteilsvermögen einzuschalten. So jemand folgt seinem geistigen Führer blindlings, und wenn wir einen anderen erwähnen, möchte er uns am liebsten den Schädel einschlagen. Die Mohammedaner glauben, daß es nach Mohammed keinen wahren Propheten mehr gab, die Sikhs meinen dasselbe von ihren Gurus, und die Christen glauben das von Christus. Aber wenn wir nur ein klein wenig nachdenken, dann erkennen wir, daß alle von dem einen Gott gesandt wurden, um die Menschheit zu erwecken. Sie alle waren Kinder des Lichts, die herabgestiegen sind, um uns ins Licht zu bringen, und wir sollten sie alle achten.
- *Kirpal*

3. November
Zu allen Zeiten kommen Weise und Seher, um den Menschen eine Methode zu lehren, durch die sie herausfinden können, wer sie wirklich sind. Sie erklären uns, daß wir nicht der Körper sind, sondern Seele.
Die Seele ist ein Tropfen aus dem Meer der Allbewußtheit. Sie ist vom selben Wesen wie Gott. Sie ist All-Liebe, All-Licht und All-Bewußtsein.
- *Rajinder*

4. November
Selbst wenn das Gebet anscheinend verfehlt, ein Unglück abzuwenden, so hat es doch die Kraft, diesem den Stachel zu nehmen. Mit der inneren Umwandlung ändert sich auch das Blickfeld des Menschen, und das wiederum beeinflußt in hohem Maße seine Lebensanschauung.
Alles zeigt dann ein neues Gesicht und erscheint in herrlichen göttlichen Farben.
- *Kirpal*

5. November
Die Quintessenz aller Religionen ist dieselbe. Die Grundprinzipien, die Fundamente, haben sich noch nie geändert. Nur die äußeren Rituale, Zeremonien und Gebräuche unterscheiden sich.
In Indien haben wir zum Beispiel viel Wasser. Deswegen führten unsere Vorväter einen Brauch ein, der es zur Pflicht macht, vor dem Gebet zu Gott ein Bad zu nehmen. In Arabien dagegen, wo stets Wasserknappheit herrscht, meinten die Vorväter der Moslems, ein Bad sei

nicht notwendig, sondern Hände waschen vor dem Gebet würde auch genügen. Und wenn gerade kein Wasser zur Verfügung stünde, könne man die Hände auch mit Sand reinigen.
Die Idee, die dahintersteht, ist nur, daß wir sauber sein sollten. Sauberkeit symbolisiert Reinheit. Baden im Wasser oder Händereinigen mit Sand hat aber noch niemanden rein gemacht. Reinheit entsteht nur durch innere Sauberkeit. Aber Riten und Rituale sind nichts Spirituelles.
    - *Darshan*

6. November
Ein wahrer Heiliger ermahnt euch, ein reines Leben zu führen und gewaltlos, wahrhaftig und rein zu sein. Er lehrt, daß Gott in allen wohnt und daß ihr jeden lieben und der ganzen Menschheit selbstlos dienen sollt. Und er erklärt euch, daß ihr euch der Meditation widmen und an Gott denken sollt.
Denn auf diese Weise bereitet ihr den Weg für ein gesegnetes Leben in der diesseitigen und der jenseitigen Welt.
Ihr müßt die Wege verlassen, die eine Wiedergeburt verursachen. Deshalb heißt es auch: Ein ethisches Leben ist das Sprungbrett zur Spiritualität.
    - *Kirpal*

7. November
Heilige wollen oder brauchen weder den Besitz, noch den Körper, noch das Gemüt des Schülers. Sie fordern ihn aber auf, die Verhaftung an weltliche Dinge aufzugeben und mit seinem Besitz wie ein Verwalter, nicht wie ein Eigentümer umzugehen.
Bei einem Verlust leidet der Eigentümer und nicht der Verwalter. Man sollte seinen Körper so benutzen, als sei er geliehen. Und etwas, was man sich geliehen hat – mit dem treibt man doch kein Schindluder.
    - *Hazur*

8. November
Der vollendete spirituelle Lehrer trägt seine Schüler stets im innersten Herzzentrum, ob sie würdig sind oder nicht. Er ist da, um sie würdig zu machen. Er kann sie nicht im Stich lassen - seine Liebe ist so groß.
    - *Kirpal*

9. November
Die Heiligen und Mystiker haben ihre eigene Art und Weise, uns die Wahrheit, für die wir blind sind, zu vermitteln. Das Leben ist eine Lüge und der Tod die einzige Realität. Der Tod ist eine Reise, die jeder von uns antreten muß, und dennoch sind wir damit beschäftigt, die Räume und Häuser zu reinigen, die uns für eine Nacht zur Verfügung gestellt werden.
Wenn wir eine Reise antreten müssen, planen wir das vorher sorgfältig. Wir holen zahlreiche Auskünfte ein und treffen Vorbereitungen. Doch wenn es zu jener Reise kommt, die wir als Tod bezeichnen, benehmen wir uns so, als müßten wir sie niemals antreten.
    - *Darshan*

10. November
Um den physischen Körper zu ernähren, müssen wir essen und trinken. Um den Verstand zu stärken, lesen, schreiben und denken wir, denn Worte sind die Nahrung für den Verstand.
Die Seele jedoch wird nur durch das Brot des Lebens - die Erfahrung von den Innenwelten - mit Nahrung versorgt. Durch diese Nahrung wird die Seele gestärkt, und Kummer und Unglück werden sich dann nicht mehr so stark auswirken.
- *Kirpal*

11. November
Wir sind hier, um uns selbst und andere glücklich zu machen.
Wir sind hier, um zu lächeln und zu lachen und um ernsthaft genug zu sein, täglich zu meditieren.
- *Rajinder*

12. November
Wir werden nach unseren Taten und nicht nach unseren Worten beurteilt. Alle unsere Handlungen, ob vom Körper, der Empfindung oder vom Verstand her, kommen aus der Fülle unseres Herzens. Das Gemüt ist ein Verzeichnis und ein Spiegel, der unseren inneren Zustand getreulich wiedergibt. Wenn man sich allmählich bewußt wird, daß man seine Gedanken immer besser im Griff hat, dann kommt man auch mit seiner äußeren Umgebung immer besser zurecht.
- *Kirpal*

13. November
Heilige haben keinen eigenen Willen. Sie leben in Gott. Sie sind Seine Diener. Sie lehnen sich nicht gegen Seinen Willen auf. Und da sie Seine geliebten Kinder sind, gibt Er ihnen alles.
Wir können die Heiligen erkennen, wenn wir nach innen gehen und selbst sehen, was der Meister für die Schüler tut, und wie er die Seele aus dem Labyrinth von Gemüt und Materie herausführt.
   - Hazur

14. November
Alle Gaben der Natur sind frei. Auch Spiritualität kommt nicht vom Menschen, sondern ist eine Gabe Gottes. Warum sollte man sie verkaufen? - Sie ist keine käufliche Ware. Erkenntnis muß kostenlos gewährt werden. Müssen wir etwa für die Sonne bezahlen, die auf uns alle niederscheint? Warum sollten wir dann für die Gotterkenntnis zahlen? Sie ist ein Geschenk Gottes und muß frei und freizügig verteilt werden. Kein wahrer Meister wird etwas dafür nehmen.
   - Kirpal

15. November
Lernt einander zu lieben, kritisiert nicht, und verletzt nicht die Gefühle anderer.
Unglücklicherweise sind wir voller Vorurteile und haben es nicht leicht, diese aus unserem Herzen zu verbannen. Wir mögen davon sprechen, anderen vergeben zu haben, aber tief in uns tragen wir doch immer noch unseren Groll.

Vielleicht kann nur Gott allein wirklich vergeben, doch Gottes Gnade ist grenzenlos, und in seiner Barmherzigkeit kann er auch die Kraft geben, anderen zu verzeihen.
- *Darshan*

16. November
Wir sind es, die dem Gemüt Kraft verleihen; wir sind es, die den Sinnen Kraft geben; wir sind es, die außen Gutes oder Schlechtes sehen.
Wenn wir in unserem Innern ruhen, können wir unsere nach außen gehenden Fähigkeiten am besten nutzen. Bevor wir nicht in uns ruhen, können wir dem Einfluß anderer nicht entgehen. Wir nehmen Eindrücke von außen und von dort auf, wohin unsere Aufmerksamkeit geht. Wir werden von der Ausstrahlung derer beeinflußt, mit denen wir in Kontakt kommen. Wenn sie rein sind, ist es gut - wenn nicht, dann hat das seine Auswirkung auf uns.
- *Kirpal*

17. November
Alle Geschöpfe sind Perlen, weithin verstreut,
Perlen einer Kette aus Liebe.
- *Darshan*

18. November
Jeder Tag bringt ein neues Leben voll unermeßlicher Möglichkeiten mit sich. Ihr dürft keine Ängste irgendwelcher Art hegen, sondern müßt statt dessen versuchen, eure Fähigkeiten dafür einzusetzen, das Ziel der geistigen Vollkommenheit zu erreichen. Nehmt und bejaht das Leben mit all seinen Wechselfällen freudig und voller Elan. Fehler sollen als Sprungbrett zum Erfolg dienen. Beharrliches Bemühen wird alle Schwierigkeiten überwinden.
- *Kirpal*

19. November
Wenn die Menschen damit beginnen, Liebe und Einheit in die Tat umzusetzen, werden sie dieses göttliche Erbe an ihre Kinder und Enkel weitergeben. Wir dürfen die Hoffnung niemals aufgeben. Wir dürfen uns niemals durch die Rückschritte, die es von Zeit zu Zeit gibt, entmutigen lassen.
Wir müssen uns bemühen, für uns selbst inneren Frieden zu erlangen, um ihn dann auf andere auszustrahlen. Auf diese Weise wird das Licht der Liebe und Einheit die Welt erleuchten.
- *Rajinder*

20. November
Alles ist heilig, wo man in Demut kniet. Durch die Wasser der Liebe verwandelt sich unter dem Schutz der Meisterkraft ein dürres Land in grüne Felder.
- *Kirpal*

21. November
Wenn wir auf unserer Heimreise zurück zu Gott vorwärts kommen wollen, sollten wir die ganze Menschheit und die ganze Schöpfung lieben und ihr dienen.
Liebe ist der Anfang und das Ende des spirituellen Weges.
- *Darshan*

22. November
Ob uns Gutes oder Böses widerfährt, durch wen oder was es auch sein mag - es kommt direkt von unserem liebenden Vater. Alle Menschen und Dinge sind nichts als Werkzeuge in Seiner Hand. Auch wenn uns etwas Böses widerfährt, sollten wir es als Seine große Gnade ansehen. Wir müssen für unsere in der Vergangenheit begangenen Taten früher oder später bezahlen.
- *Hazur*

23. November
Die menschliche Geburt ist ein kostbares Gut, und ihr höchstes Ziel ist die göttliche Vollkommenheit. Um diese Vollkommenheit zu erreichen sind wir alle hier.
- *Kirpal*

24. November
Gott plus Gemüt oder Ego ist gleich Mensch, aber Mensch minus Gemüt oder Ego ist gleich Gott.
- *Kirpal*

25. November

Glaube keinem Meister, bis du das, wovon er spricht, mit eigenen Augen siehst. Zunächst müssen wir jedoch die Worte eines Meisters annehmen, und wenn wir die Wahrheit dessen, was er sagt, nachprüfen und sie bestätigt finden, wird das zunächst nur Angenommene zur Gewißheit.
Wenn man das Licht der Sonne gesehen hat, kann man ihre Existenz nicht leugnen, selbst wenn alle Blinden der Welt zusammenstünden, um ihr Dasein zu bestreiten.
- *Kirpal*

26. November

Große erleuchtete Seelen haben die spirituelle Reise beendet und die Vereinigung ihrer Seele mit Gott erlangt. Ihre Lebensaufgabe besteht darin, anderen zu helfen, dasselbe Ziel zu erreichen.
Sie beginnen, indem sie uns lehren, daß wir Seele sind, ein Tropfen Gottes. Wir wurden vor Äonen von Zeitaltern von Gott getrennt und haben seither unseren wahren Ursprung vergessen.
Durch den Vorgang der Meditation können wir unsere Aufmerksamkeit von der äußeren Welt zurückziehen und die inneren Bereiche betreten.
Wenn wir unsere Aufmerksamkeit zum Augenbrennpunkt, dem Sitz der Seele, zurückziehen, werden wir in der Lage sein, den Licht- und Tonstrom zu sehen und zu hören.
- *Rajinder*

27. November

Das Gebet ist eine wichtiges Hilfsmittel für jemanden, der geistig vorankommen will. Auf unserer spirituellen Reise brauchen wir es von Beginn an bis zum Ende der Reise, denn es bewahrt uns vor vielen Fallgruben auf dem Weg und verwandelt den menschlichen Geist durch und durch, bis er zu leuchten und das Licht der Seele zu reflektieren beginnt.
   - *Kirpal*

28. November

Hebt alle Unterschiede der Menschen auf, hebt sie für immer auf,
Und laßt die Erde wieder ihr blühendes Festtagskleid tragen,
Die Welt frei sein von Furcht und Ungestüm,
Und die Menschen in ständiger Freude leben, die Liebe Gottes im Herzen,
Dann können wir den Himmel auf Erden haben, um den wir so inbrünstig beten.
   - *Darshan*

29. November

Ein wahres Gebet ist ein ununterbrochener Vorgang, unabhängig von Form, Zeit und Raum, und führt schließlich zu vollkommenem Gleichmut und völliger Wunschlosigkeit.
   - *Kirpal*

30. November
Die Heiligen sind seit jeher auf diese Erde gekommen, und dieses Geheimnis ist all denen bekannt, die Zugang zu den höheren spirituellen Regionen haben. Die Menschen haben schon immer von den Heiligen und Meistern lernen können, wie sie sich selbst und Gott erkennen können.
Der Mensch kann nur von anderen Menschen lernen, sicher nicht von Kühen oder Büffeln. Also muß Gott, um die Menschen zu unterweisen, als Mensch kommen. In Seiner äußeren Erscheinung ist Er uns gleich, aber Er steht weit über uns – und so war es seit Urzeiten.
   - *Hazur*

1. Dezember
Kein vollkommener Meister hat jemals seine Schüler im Stich gelassen. Werdet euch völlig darüber klar, daß dieser eine euch nicht verlassen wird. Denkt einmal gründlich über diese außergewöhnliche Gunst nach, denn euch wurde eine göttliche Fügung gewährt.
Der Meister ist nicht der Körper. Er ist die Kraft, die durch den Körper wirkt, und er gebraucht seinen Körper nur, um den Menschen zu lehren und zu führen.
   - *Kirpal*

2. Dezember
Niemand kann anderen die eigenen Gedanken und den eigenen Glauben aufdrängen. Wenn wir das persönliche Verhalten eines Menschen beobachten und bemerken, daß er den süßen Duft der Liebe und Reinheit ausströmt, daß er Mitleid zeigt, wenn wir in Schwierigkeiten

sind, dann werden wir zu ihm gehen und fragen: „Bruder, wo hast du all das gelernt?" Dann kann er uns sagen: „Ich war bei dem und dem, und dies sind unsere heiligen Schriften."
Der Charakter eines Menschen bewegt uns, und nicht irgendwelche Verkündigungen oder Propaganda. Unsere Handlungen und unser Bekenntnis sollten übereinstimmen. Das ist es, was wir brauchen.
- *Darshan*

3. Dezember
Es heißt: Wenn ein Sucher von einem vollendeten spirituellen Meister initiiert wird, dann nimmt der Meister in seiner strahlenden, inneren Gestalt im Sucher Platz. Der Meister übernimmt das Karma des Schülers und die Führung über sein Leben. Ein Sucher, der dies versteht, sieht, daß alles, was ihm im Leben widerfährt, aus der Hand des Meisters kommt und nimmt es an. Dies wird in der Mystik als Hingabe bezeichnet.
Es ist keine Hingabe, bei der wir alle Sinne verlieren und blind folgen. Es ist eine Art von Hingabe, bei der wir alles, was uns geschieht, als unser Bestes ansehen. Es ist ein Zustand, in dem man an das Prinzip „Dein Wille geschehe" glaubt.
- *Rajinder*

4. Dezember
Das ganze Gebäude des Christentums fußt auf den beiden Grundsätzen: „Du sollst Gott, deinen Herrn, lieben von ganzem Herzen, von ganzer Seele und mit all deiner Kraft" und „Du sollst deinen Nächsten lieben wie dich selbst".
Gott ist Liebe und so auch die menschliche Seele als Funken desselben Wesens. Johannes sagt: „Wer nicht liebt, kennt Gott nicht, denn Gott ist Liebe und der, der Gott liebt, liebt auch seine Brüder."
    - *Kirpal*

5. Dezember
Jede Lebensform trägt einen Funken Gottes in sich, und dieser Teil Gottes verleiht allem das Leben. Mit dieser Erkenntnis können wir nur noch liebevoll mit anderen umgehen. Wir wissen, wenn wir anderen Schmerz zufügen, dann ist es Gott, den wir verletzen. Und die Erkenntnis, daß wir alle ein Teil Gottes sind, erlangen wir in der Meditation, nämlich dann, wenn wir nach innen gehen.
    - *Rajinder*

6. Dezember
Heilige kennen die Vergangenheit, die Gegenwart und die Zukunft. Wenn wir nach innen gehen, werden auch wir beginnen, solches Wissen zu erlangen. Die im Innern erklingende Musik der Sphären ist ebenfalls Wissen, denn alles ist aus ihr entstanden. Und je weiter wir mit ihr aufsteigen, um so mehr werden wir Wissen erlangen, Wissen aus erster Hand.

Aber dieses Wissen dürfen wir nicht für weltliche Angelegenheiten - weder für uns selbst, noch für andere - benutzen. Es ist allein für den inneren Fortschritt gedacht.
- *Hazur*

7. Dezember
Verletzt kein menschliches Herz, denn es ist die Wohnstatt Gottes.
- *Kirpal*

8. Dezember
Wenn ich als Sikh einem christlichen Bruder in Schwierigkeiten nicht helfen kann, auch wenn das bedeutet, die ganze Nacht bei ihm zu bleiben, dann bin ich es nicht wert, ein Sikh genannt zu werden. Ich sollte sofort von der Sikh-Religion ausgeschlossen werden. Ich kann mich nur mit Recht als Sikh bezeichnen, wenn ich für alle Menschen in Gottes Schöpfung Liebe empfinde, ungeachtet ihrer sozialen Schicht, Hautfarbe oder ihres religiösen Glaubens. Schließlich sind wir alle Kinder Gottes. Wir sind Brüder und Schwestern in Gott. Wir gehen alle zurück zu Gott. Wir müssen Liebe füreinander haben.
- *Darshan*

9. Dezember
Wie ein leeres Gefäß zu beten ist die höchste Stufe des Gebetes. Es bedeutet, daß wir um gar nichts bitten, sondern mit Liebe und Hingabe auf das warten, was Gott uns geben möchte. Es ist ein Gebet, bei dem wir wissen, daß uns Gott das gewähren wird, was für uns am besten ist, und daß Er sich um unser Wohlergehen kümmert.
- *Rajinder*

10. Dezember
Was die Propheten und Seher lehrten, die seit undenklichen Zeiten in verschiedenen Ländern und zu verschiedener Zeit kamen, bleibt immer dasselbe. Ihre Lehren unterscheiden sich nur in den später aufgekommenen Riten und Ritualen.
Jede Religion hat zwei Seiten. Die eine ist die exoterische, die äußere Seite. Sie bezieht sich auf die Verrichtung bestimmter Riten und Rituale und das Studium der Lehren. Sie ist von Nation zu Nation, von Land zu Land und von Religion zu Religion verschieden.
Die andere ist die esoterische, die innere Seite. Sie ist das Herz jeder Religion. Wenn wir die Schriften der verschiedenen Religionen vergleichend studieren, erkennen wir, daß Heilige der einen Religion genau das gleiche sagen wie Heilige einer anderen Religion. Sie sind sich so nahe. Im Innersten schlägt das Herz für alle gleich.
  - *Darshan*

11. Dezember
Zu Gott zu beten ist ein positiver Schritt. Wenn jemand betet, erkennt er dadurch an, daß es eine Kraft gibt, die größer als er selbst ist. Es geht um das Bewußtsein, daß wir nicht so groß und mächtig sind, wie wir annehmen, sondern daß es eine höhere Macht gibt, die uns helfen kann.
  - *Rajinder*

12. Dezember
Wer kann wissen, welche Auswirkungen selbst die geringste Handlung der Güte auf andere hat? Vielleicht ist

es der wichtigste Beitrag von Mutter Theresa, die den völlig Hilflosen und Verlassenen dient, daß sie ihnen die Erkenntnis vermittelt, daß auch sie geliebt werden. Allein dies kann Trostlosigkeit in Hoffnung verwandeln. Unsere Taten des Mitgefühls, wie gering sie auch sein mögen, können die an Körper und Geist Leidenden aus tiefster Hoffnungslosigkeit erheben und die dunkelsten Winkel des menschlichen Herzens erhellen.
   - *Darshan*

13. Dezember
Es ist leichter, die karmische Schuld auf der physischen Ebene zu bezahlen, und es ist auch vorteilhafter, so viel wie möglich hier zu begleichen, als karmische Schuld in die inneren Ebenen mitzunehmen.
   - *Hazur*

14. Dezember
Schüler sein bedeutet, die Seele von den karmischen Schulden zu befreien, etwa wie bei einer Bank, die aufgelöst werden soll und die vorher jeden Heller abzurechnen und zurückzuzahlen hat.
Wenn wir alles, was in diesem Sinne geschieht, annehmen, werden wir viel zuversichtlicher, glücklicher und fröhlicher sein. Ein spirituell entwickelter Mensch wird alle Schwierigkeiten des äußeren Lebens überwinden, indem er seinen Willen mit dem Willen Gottes in Einklang bringt.
   - *Kirpal*

15. Dezember
Der Meister-Heilige kreist durch das Universum, bereit, sein Elixier der Liebe auszuschenken. Er wird es in jedes offene Gefäß gießen, das er vorfindet. Wer meditiert und für sein Geschenk offen ist, wird es sicherlich erhalten. Wer in seine eigenen Gedanken vertieft ist, hat sich selbst von den endlosen Segnungen abgeschnitten.
Der Meister gibt niemals auf. Ununterbrochen sendet er seine Liebe und seine spirituellen Segnungen aus. Wir brauchen nur unseren Becher hinzuhalten und sie zu empfangen.
 - *Rajinder*

16. Dezember
Alle heiligen Schriften betonen, daß es notwendig ist, ein ethisches Leben zu führen, denn es ist der Schlüssel, der das Tor zur Spiritualität öffnet. Ein ethisches Leben bedeutet, alle Fehler und Laster aufzugeben und sich in den Tugenden zu üben.
 - *Darshan*

17. Dezember
Da Gott Geist ist, müssen auch wir den Geist in uns durch Selbstanalyse von den materiellen Gewändern oder Bedeckungen, die ihn umgeben, befreien, weil nur der Geist den Geist sehen und erfahren kann - nicht die physischen Sinne und auch nicht der Verstand oder das Gemüt.
Die Augen eines Meisters sind bezaubernde Fenster, die sich nach innen hin der Unendlichkeit öffnen und nach außen zur Endlichkeit. Durch sie kann man Schimmer

göttlichen Lichts erhalten, für die es in dieser Welt nichts Vergleichbares gibt - ein schattenloses Licht, das weder auf dem Land noch auf dem Meer zu finden ist.
 - *Kirpal*

18. Dezember
Unser Heimweg, der Weg zurück zu Gott, ist von den hellsten und strahlendsten Sonnen und Monden erleuchtet, unsere Heimat ist wahrer Frieden, und unser Vater ist Liebe und Gnade.
 - *Hazur*

19. Dezember
Wenn wir die Segnungen, die der Meister uns gewährt, bestmöglich nutzen wollen, sollten wir versuchen, in Demut wie ein leeres Gefäß zu sein.
Wir werden erfahren, daß unser Gemüt dann von seinen endlosen Wünschen und Ablenkungen frei wird. Statt dessen werden wir offen sein, Becher um Becher, Krug um Krug liebevoller Gnade zu empfangen, und wir werden feststellen, daß wir auf schnellstmögliche Weise die Vereinigung mit Gott erlangen.
 - *Rajinder*

20. Dezember
Wenn wir von den Erfahrungen erleuchteter Seelen lesen, werden wir von Hingabe erfüllt sein. Der Wunsch, Gott zu finden und zu erkennen, damit unser Leben seine Erfüllung findet, wird aufs neue erweckt. Alle Sucher nach Gott sind den gleichen Pfad gegangen, und alle sagen dasselbe: „Gott wird nur durch Tränen gefunden."
 - *Kirpal*

21. Dezember
Ein vollendeter Meister ist im Besitz eines grenzenlosen Ozeans der Liebe, denn er hat Gott in sich. Je mehr er gibt, desto mehr erhält er. Je mehr Liebe er verteilt, desto mehr Liebe wird ihm zuteil. Sein Schatz ist unerschöpflich.
  - *Darshan*

22. Dezember
Gott ist in jedem. Wenn ihr seht, daß irgend jemand unglücklich oder in Nöten ist, so geht und helft ihm. Wenn er hungrig oder durstig ist, dann teilt mit ihm, was ihr habt. Es ist für Gott, darum dient seinen Kindern.
  - *Kirpal*

23. Dezember
Um das Licht Gottes in allen zu sehen, müssen wir alle lieben können und Bescheidenheit, Ehrlichkeit und Mitleid entwickeln, und wir müssen zu jeder Zeit und in jeder Situation liebevolle Worte finden.
Diese Tugenden sollten wir im täglichen Leben praktizieren, und wir sollten uns über die Selbstsucht und das Ego erheben.
  - *Darshan*

24. Dezember
Ich sehe in der Zukunft eine Welt voller Liebe, ich sehe eine Welt der Freude, ich sehe eine friedliche Welt vor uns. Ich sehe das Goldene Zeitalter aus allen Richtungen auf uns zukommen. Und ich bete zum allmächtigen Gott, zur Christuskraft und zu den drei großen Meistern

dieses Jahrhunderts - Hazur Baba Sawan Singh, Sant Kirpal Singh und Sant Darshan Singh - jedem einzelnen von uns zu helfen, in dieses Goldene Zeitalter einzutreten, damit wir als verkörperte Seelen in einen Zustand wahren Friedens gelangen und unsere wahre Heimat erreichen.
  - *Rajinder*

25. Dezember
Unsere menschliche Geburt ist ein Zeichen unseres großen Glücks. Wir sollten diese Gelegenheit nutzen, um Gott zu erkennen, denn dies ist nur in der menschlichen Gestalt möglich.
Als Menschen können wir Gott nicht sehen, weil unser Körper viel zu grob ist, um Seine erhabene und feinstoffliche Natur zu begreifen. Er liegt wahrlich außerhalb der Reichweite unserer Sinneswahrnehmung.
Daher müssen wir es erst so einrichten, daß wir Ihn in uns selbst erkennen können. Dies ist durch die Meditation am dritten Auge möglich.
  - *Kirpal*

26. Dezember
Alle Reichtümer und übernatürlichen Kräfte liegen in Naam, dem göttlichen Wort, das vollkommenen Frieden und Freude vermittelt. Es ist im menschlichen Körper zu finden.
  - *Hazur*

27. Dezember
Wir sind Zeugen des Heraufdämmerns einer spirituellen Revolution. Eine solche Revolution kann nicht wie eine politische, soziale oder ökonomische Revolution von außen erzwungen werden. Es ist eine innere Revolution, deren Mittelpunkt ein Wandel des Bewußtseins ist.
Doch wir können andere nicht bekehren, wir können nur uns selbst wandeln. Gelingt es uns, diesen Wandel zu vollenden, werden wir nicht nur das Heraufdämmern des spirituellen Zeitalters beschleunigen, sondern wir werden uns selbst in seinem vollen Glanze sonnen.
  - *Darshan*

28. Dezember
Ein Gebet, ein Schrei der Seele aus der Not heraus, ist dann am schönsten und natürlichsten, wenn es ungehindert heraussprudelt wie eine Quelle kühlen Wassers aus der Tiefe der Erde.
Es braucht keine besonderen Worte und keine elegante Formulierung.
  - *Kirpal*

29. Dezember
Das Gemüt ist ein großes Rätsel - manchmal handelt es wie ein Heiliger, manchmal wie ein Yogi, und manchmal ist es voller Lust. Ein Heiliger sagt, daß das Gemüt manchmal edle Gedanken hegt, manchmal möchte es Reichtum, manchmal ist es von einer anderen Person begeistert, und wieder ein anderes Mal möchte es Heim und Herd verlassen, um ein Asket zu werden. Es ist wankelmütig und wandert überall umher. Jeder wird

vom Gemüt beherrscht, die ganze Welt ist sein Sklave.
Nur ein Heiliger hat es unter Kontrolle. Und der einzige
Weg dahin führt über die Meditation.
- *Hazur*

30. Dezember
Die Neujahrszeit ist eine Zeit, in der wir uns Gedanken über unsere Ziele und Pläne für das kommende Jahr machen.
In manchen Ländern auf der Welt faßt man gute Vorsätze, wobei Punkte aufgelistet werden, die wir an uns oder in unserem Leben verändern möchten. Wir entschließen uns, daran zu arbeiten, unser Leben im neuen Jahr zu verbessern.
Entschließen wir uns doch, im kommenden Jahr die Kunst der Zufriedenheit und Wunschlosigkeit zu verwirklichen!
- *Rajinder*

31. Dezember
Die ganze Schöpfung lernt' ich
innig lieben,
Deine Liebesbotschaft ist
mir wahrer Sinn des Lebens.
- *Darshan*

Unser Vater ist Liebe,
und wir sind kleine Tropfen
aus diesem Meer der Liebe.
Die gewaltige Maschinerie
des Universums wird durch
das ewige Prinzip
der Liebe betrieben.

- *Hazur*

Biographisches zu den Autoren

Hazur Baba Sawan Singh:
Hazur Baba Sawan Singh, Meister des Licht- und Tonstroms, hat von 1911 bis 1948 den Surat Shabd Yoga gelehrt. Hazur gilt als der Vater der Verbreitung dieses Meditationsweges in den Westen. Sein spiritueller Nachfolger war Sant Kirpal Singh.

Kirpal Singh:
Sant Kirpal Singh, Meister des Licht- und Tonstroms, wirkte von 1948 bis 1974. Er arbeitete an verantwortlicher Stelle in der Finanzverwaltung des indischen Militärs. Er widmete sein Leben von Jugend an dem Dienst für die leidende Menschheit und gründete Konferenzen zum Austausch zwischen den Religionen und zur Einheit der Menschen. Sein spiritueller Nachfolger war Sant Darshan Singh. Seine wichtigsten Bücher sind: „Das Mysterium des Todes" und „Karma – das Gesetz von Ursache und Wirkung", beide erschienen im Origo-Verlag, Bern, Schweiz.

Darshan Singh:
Sant Darshan Singh, Meister des Licht- und Tonstroms, wirkte von 1974 bis 1989. Er arbeitete als stellvertretender Staatssekretär in der indischen Regierung. Er erhielt höchste Auszeichnungen für seine mystischen Dichtungen. Er widmete sein ganzes Leben auf demütigste Weise dem Dienst an allen Mitmenschen. Seine wichtigsten Bücher sind: „Liebe auf Schritt und Tritt" (Fischer-Verlag, Münsingen, Schweiz) und „Das Geheimnis der Geheimnisse" (SK-Publikationen, Hof, Deutschland).

Rajinder Singh:
Sant Rajinder Singh ist Wissenschaftler und Mystiker, Friedensarbeiter und Meditationsmeister. Nach seiner Ausbildung in Ingenieurwesen und Computerwissenschaften in Indien und den USA arbeitete er viele Jahre an einem bedeutenden amerikanischen Forschungsinstitut. Mit seinem Team erhielt er zahlreiche Auszeichnungen und Patente. Nach dem Fortgang von Sant Darshan Singh wurde er mit der Leitung der „Wissenschaft der Spiritualität" betraut. Sant Rajinder Singh ist Präsident der „Weltgemeinschaft der Religionen", Leiter der „Konferenz zur Einheit der Menschen" und der „Konferenz über Mystik". Er hat mehrere Schulen in Indien gegründet und die kolumbianische Regierung in Fragen des Erziehungswesens beraten. Bei seinen vielen Reisen gibt er unentgeltlich Einweihungen in die spirituelle Meditation. Sant Rajinder Singh ist verheiratet und hat mit seiner Frau Rita zwei Kinder. Er verdient seinen Lebensunterhalt selbst und nimmt keinerlei Spenden an. Seine wichtigsten Bücher sind: „Heilende Meditation" und „Die Kraft der Seele", beide erschienen im Urania-Verlag, Neuhausen, Schweiz.

Glossarium

Augenbrennpunkt - das feinstoffliche oder geistige Auge hinter und zwischen den beiden Augenbrauen, auch drittes Auge oder Einzelauge genannt.

drittes Auge - siehe Augenbrennpunkt

Einweihung - Initiation, Einweihung des Schülers durch den Meister. Im Falle eines Schülers des Surat Shabd Yoga erhält dieser eine Verbindung mit dem göttlichen Licht und Ton.

Gemüt - englisch: mind. Das Gemüt im hier verstandenen Sinne entspricht dem Ego. Es wirft gewissermaßen einen Schleier um die reine Seele. Wenn die Seele sich mit den Objekten dieser Welt identifiziert, dann umhüllen oder bedecken die Eindrücke von den weltlichen Objekten die Seele. Die Gesamtheit dieser Hüllen ist unser Gemüt.

Guru - Zerstreuer der Dunkelheit, Lichtträger, Meister

höhere Ebenen - Wenn man sich in der Meditation über das körperliche Bewußtsein erhebt, gelangt man in die inneren, höheren Ebenen. Diese sind: die Astralebene, die Kausalebene, die Suprakausalebene, und Sach Khand, die erste rein geistige Ebene, die auch als die ewige Heimat oder bei den Sufis als 'Muquam-i-Haq' bezeichnet wird.

Initiation - siehe Einweihung

Inversion - das Nach-innen-gehen, s. a. Meditation

Kal - wörtlich: Zeit. Nach den Lehren der Heiligen die negative Kraft oder der Aspekt Gottes, der für die Erhaltung der kausalen, astralen und physischen Ebene verantwortlich ist. Seine Manifestationen sind Brahma, Vishnu und Shiva, oder Schöpfer,

Erhalter und Zerstörer. Der Erhalter (Vishnu) inkarniert sich von Zeit zu Zeit als Avatar, um das Gleichgewicht von Gut und Böse zu erhalten, und um die Gerechtigkeit wieder herzustellen.

Karma - das Gesetz von Ursache und Wirkung, oder das Prinzip 'was man sät, wird man ernten'. Es gibt drei Arten von Karma: das Sanchit- oder Vorratskarma, das Pralabdh- oder Schicksalskarma und das Kriyaman- oder durch gegenwärtige Handlungen geschaffene Karma. Unsere begangenen Taten entscheiden, ob wir Lohn oder Strafe ernten.

Licht und Ton - der göttliche Tonstrom im Innern, dasselbe wie Naam, oder das Wort (Bibel), die Harmonie aller Harmonien, die Musik der Sphären. Bezeichnung für die sich zum Ausdruck bringende Gotteskraft.

Meditation - Konzentration, Inversion, Gebet mit Aufmerksamkeit. Im Falle des Surat Shabd Yoga die Konzentration auf das innere Licht und den inneren Klang.

Meister - Meister-Heiliger, vollendeter Meister, kompetenter Meister, Adept, spiritueller Lehrer. In der 'Wissenschaft der Spiritualität' ein kompetenter spiritueller Lehrer, der von Gott beauftragt wurde, Sucher nach der Wahrheit in die Geheimnisse des heiligen Wortes einzuweihen.

Muquam-i-Haq - siehe 'höhere Ebenen'

Naam - siehe Licht und Ton

Nah-Tod-Erfahrungen - Erfahrungen von Menschen, die klinisch tot waren und durch die moderne Medizin wieder ins Leben zurückgebracht wurden.

negative Kraft - siehe Kal

Rad der Wiedergeburt - das Gesetz, das die drei unteren Ebenen, die physische, die astrale und die kausale Ebene, regiert. Die Seelen werden in verschiedenen Lebensformen immer wiedergeboren, um das Karma oder die Früchte ihrer Taten auszugleichen. Indische Heilige sprechen von 8,4 Millionen verschiedenen Lebensformen. Daher auch oft die Bezeichnug 'Rad der 84'.

Sach Khand - siehe höhere Ebenen

Sphärenmusik - siehe Licht und Ton

Surat Shabd Yoga - Yogaweg, bei dem die Aufmerksamkeit (Surat) auf das innere Licht und den inneren Klang (Shabd) gerichtet wird, Yoga des Tonstroms, auch Sant Mat genannt.

Veden - die Hindu-Schriften des Altertums, bestehend aus vier Veden: Rig-, Sam-, Vugur- und Attar-Veda.

Wort - in der Bibel: das Wort, siehe ‚Licht und Ton'.

Buchempfehlungen

Sant Rajinder Singh:
HEILENDE MEDITATION
Urania-Verlag, DIN A5, 180 Seiten, kartoniert, ISBN 3-908644-30-5

Das große spirituelle Lebenshilfebuch über Bedeutung und Praxis der Meditation. Rajinder Singh zeigt gerade den westlichen Lesern, wie ein spirituelles Bewußtsein zu erlangen ist. Seine zentrale Botschaft: Glück läßt sich nicht erzwingen, der "Garten der Seligkeit" liegt in uns selbst. Erst durch Meditation treten wir in Kontakt mit unserem unsterblichen, göttlichen Wesensanteil, der wahres Lebensglück bereits in sich trägt. Heilende Meditation hilft uns, inneren und äußeren Frieden zu finden und den Alltag besser zu meistern.

Sant Rajinder Singh:
DIE KRAFT DER SEELE - Antworten auf spirituelle Fragen
Urania-Verlag, DIN A5, 156 Seiten, kartoniert, ISBN 3-908645-63-8

Wie können wir als moderne Menschen den altindischen Karma- und Reinkarnationsgedanken verstehen? Wie hängen Karma und freier menschlicher Wille zusammen? Und wie läßt sich ein spirituelles, auf Meditation aufgebautes Leben mit der Hektik des Lebens vereinbaren?

Sant Rajinder Singh beantwortet im vorliegenden Buch diese und viele andere zeitgemäße und drängende Fragen aus den Bereichen Religion, Moral, Politik, Gesundheit, Partnerschaft, New Age und Esoterik.

Buchempfehlungen

Sant Darshan Singh:

DAS GEHEIMNIS DER GEHEIMNISSE

SK-Publikationen, DIN A5, 256 Seiten, Leinen, ISBN 3-9800588-0-8

Dieses Buch enthält Gespräche von Herz zu Herz für den Sucher nach Spiritualität. Es enthüllt den Ursprung und die Ausübung wahrer Liebe. In einer oft zutiefst spirituellen und poetischen Sprache werden spontane Antworten von Sant Darshan Singh auf Fragen westlicher Besucher wiedergegeben. Selten wurde Spiritualität - die Vereinigung der Seele mit der Überseele - so anschaulich und gleichzeitig so poetisch dargelegt. Für den Freund spiritueller Prosa ist dieses Buch ein Leckerbissen.

Sant Darshan Singh:

DIE QUELLE ALLER LIEBE -

Leben, Dichtung und Lehren von Heiligen und Mystikern
SK-Publikationen, DIN A5, 416 Seiten, Pappbd, ISBN 3-931214-07-9

Dieses Buch vom Leben, der Dichtung und den Lehren von Heiligen und Mystikern vermittelt eine Fülle zeitloser Wahrheit und Inspiration, die Herz und Seele tief berühren.

Die vorliegende Sammlung von Vorträgen des Autors gewährt dem Leser einen lebendigen Einblick in das Leben und Werk von 18 Heiligen aus Ost und West und enthält tiefes Wissen, das uns in deren faszinierende Welt blicken läßt. Der Autor geht auch ausführlich auf die spirituellen Übungen und Formen ihrer Meditation ein und bringt so dem heutigen Menschen ihre Methode nahe.

Buchempfehlungen

SANT KIRPAL SINGH -
ein Leben für Liebe, Einheit und Frieden
SK-Publikationen, DIN A5, 202 Seiten, kart., ISBN 3-9800588-7-5

Sant Kirpal Singh

Ein Leben für Liebe, Einheit & Frieden

SK-Publikationen

Sant Kirpal Singh war eine Verkörperung des Friedens, der Wahrheit, der Liebe, der Stärke und der Sanftmut. Er zeigte uns durch seinen Lebenswandel, wie ein wahrer Mensch sein sollte. In diesem Buch finden wir neben einer Darstellung von Leben und Werk Sant Kirpal Singhs eine Sammlung seiner wichtigsten frühen Schriften, die er neben seinen zahlreichen Buchveröffentlichungen verfaßte. Jedes Kapitel geht auf einen besonderen Aspekt der wahren Menschwerdung ein und sollte uns so Hilfe auf unserem Weg zu Selbsterkenntnis und Gotterkenntnis sein.

Hazur Baba Sawan Singh:
BRIEFE VON HAZUR, Band 1
SK-Publikationen, DIN A5, 88 Seiten, kart., ISBN 3-931214-09-5

Edition Hazur

Briefe von
Hazur Baba Sawan Singh
an seine Schüler

Band 1

Zu Beginn des zwanzigsten Jahrhunderts gab es über das spirituelle Gedankengut, das Hazur seinen ersten Schülern im Westen vermitteln wollte, noch keine Bücher. So war er nicht nur gezwungen, die Grundzüge der Lehren in Form von Briefen weiterzugeben, sondern mußte darüber hinaus alle Fragen, die sich den Schülern im Laufe ihrer geistigen Entwicklung stellten, in Briefen beantworten, zum größten Teil Fragen, die sich den Schülern der großen Meister seit Menschengedenken immer wieder stellten. Ein wundervolles, zeitloses und lehrreiches Dokument!

Literatur der Wissenschaft der Spiritualität

Von Rajinder Singh:	Heilende Meditation
	Kraft der Seele
	Die Zukunft gestalten
	Spirituelle Meditation
	Visionen für ein neues Jahrtausend
	Ökologie der Seele & Positive Mystik
	Erziehung zum Weltfrieden
Von Darshan Singh:	Das Geheimnis der Geheimnisse
	Spirituelles Erwachen
	Autobiographie
	Die Quelle aller Liebe
	Eine Träne und ein Stern
	Das Rufen der Seele
	Liebe auf Schritt und Tritt
	Liebe wohin ich kam
	Die Bedeutung von Christus
Von Kirpal Singh:	Karma
	Was ist Spiritualität
	Das Gebet
	Die Krone des Lebens
	Von der Gottsuche zur Verwirklichung
	Der Meister spricht, Band I und II
	Morgengespräche
	Das Mysterium des Todes
	Das Jap Ji - Die Botschaft Guru Nanaks
	Gespräche von Herz zu Herz, Band 1
	Spirituelles Elixier
	Der Pfad nach innen, Band I, II und III
	Mensch erkenne Dich selbst
	Simran
Von anderen Verfassern:	Die Briefe Hazurs, Band 1
	Sant Kirpal Singh -
	Ein Leben für Liebe, Einheit & Frieden
	Das Wirken des Vollendeten
	Kirpal Singh - Die Geschichte eines Heiligen
	Das Geheimnis göttlicher Liebe

Adressenhinweise

Die Zusammenstellung dieser Texte besorgte Sieglinde Mühlberger, eine deutsche Heilpraktikerin, die in Österreich lebt. Sie gibt Kurse zu verschiedenen Aspekten der Naturheilkunde, stellt Blütenheilmittel selbst her und beschäftigt sich seit vielen Jahren mit Spiritualität. Ihre Adresse ist:
> Sieglinde Mühlberger
> Boden 28, A-5622 Goldegg
> Tel./Fax (0 64 16) 64 16

Bei folgenden Adressen erfahren Sie mehr über regelmäßige (kostenlose) Meditationstreffen und Veranstaltungen mit Sant Rajinder Singh an verschiedenen Orten:
- D: Wissenschaft der Spiritualität e.V. München
  Geschäftsstelle
  Jägerberg 21, D-82335 Berg
  Tel. (0 81 51) 5 04 49, Fax 0 81 51/ 95 33 45

- CH: Wissenschaft der Spiritualität Zürich
  Angela Seiler
  Tödistr. 20, CH-8002 Zürich
  Tel. (01) 2 02 23 72, Fax (01) 2 02 23 02

- A: Wissenschaft der Spiritualität Wien
  Herbert Wasenegger
  Mautner Markhofgasse 13-15/5/3, A-1110 Wien
  Tel. /Fax (01) 7 49 18 71

Weiter Hinweise und Lieferung der diversen Bücher (auch in englischer Sprache) über:
> SK - PUBLIKATIONEN
> Ludwigstr. 3, D-95028 Hof/Saale
> Tel. (0 92 81) 8 74 12, Fax: (0 92 81) 14 26 63